沖繩戰的孩子們

太平洋戰爭下少年少女成為士兵之路

川滿彰 著／黃昱翔 譯

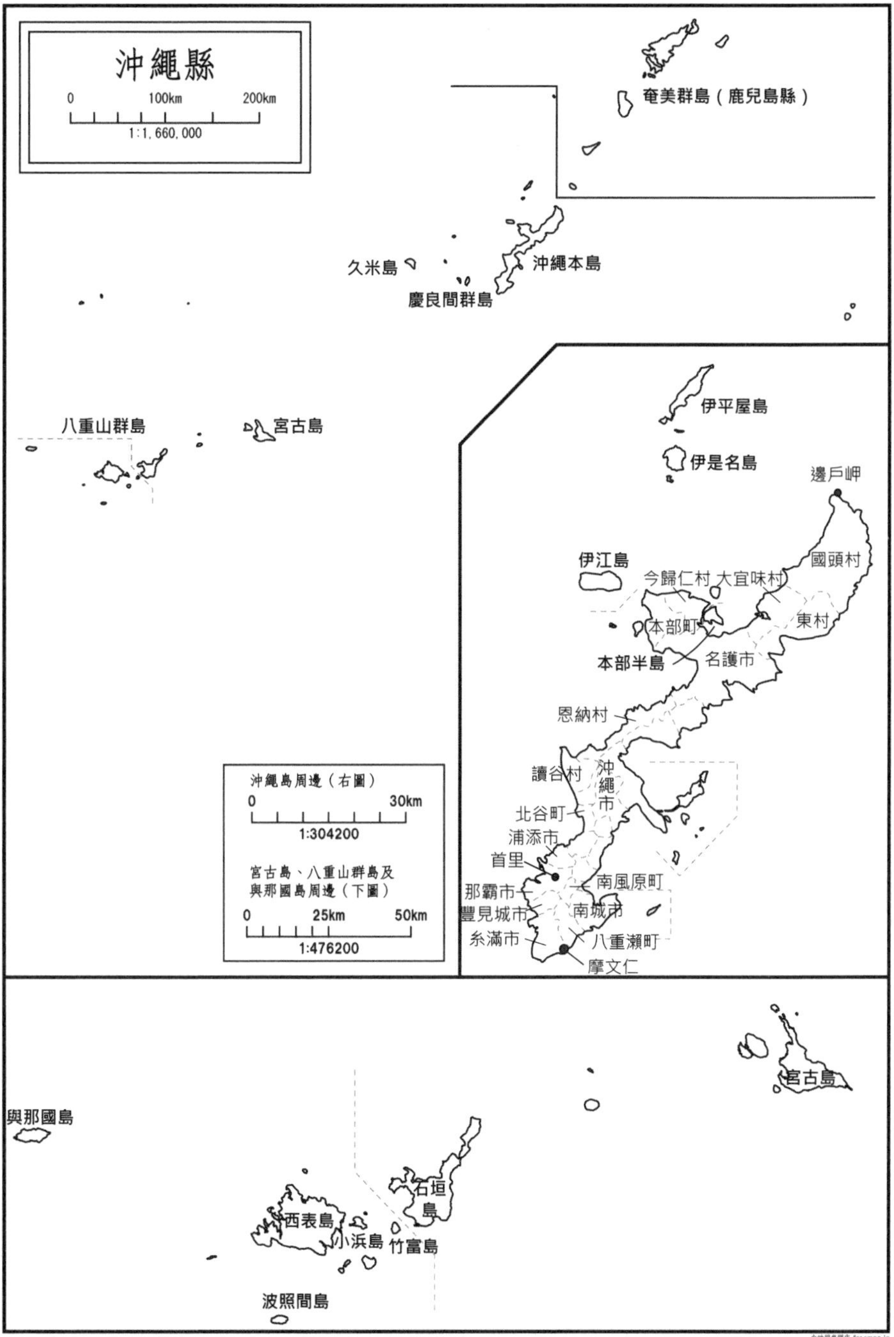

沖繩縣
0
100km
200km
1:1,660,000
奄美群島（鹿兒島縣）
久米島
沖繩本島
慶良間群島
八重山群島
宮古島
伊平屋島
伊是名島
邊戶岬
伊江島
國頭村
今歸仁村
大宜味村
本部町
東村
本部半島
名護市
恩納村
讀谷村
沖繩市
北谷町
浦添市
首里
那霸市
南風原町
豐見城市
南城市
糸滿市
八重瀨町
摩文仁
沖繩島周邊（右圖）
0
30km
1:304200
宮古島、八重山群島及
與那國島周邊（下圖）
0
25km
50km
1:476200
宮古島
與那國島
石垣島
西表島
小浜島
竹富島
波照間島

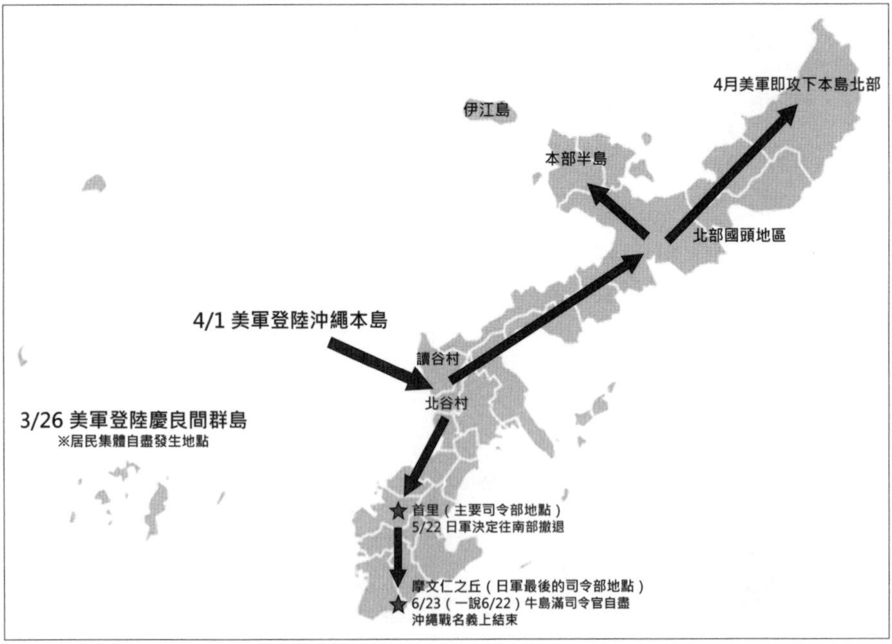

▲本圖為沖繩戰地圖，呈現 1945 年 3 月 26 日至 6 月 23 日的戰爭過程。（譯者製圖）

▲1945年4月1日，美軍俘虜沖繩當地居民。（沖繩縣公文書館典藏）

▲戰時，沖繩居民躲在懸崖後方。（沖繩縣公文書館典藏）

▲1945年4月4日，美軍登陸沖繩後，將沖繩楚邊的民眾帶至俘虜收容所。（沖繩縣公文書館典藏）

▲沖繩楚邊的民眾在俘虜收容所。（沖繩縣公文書館典藏）

▲1945年4月12日，沖繩男孩打量著美軍。（沖繩縣公文書館典藏）

▲1945年4月25日，美軍佔領伊江島後，當地孩子排隊拍照。（沖繩縣公文書館典藏）

▲美軍佔領伊江島後，島上的教師和孩子們一起合影。（沖繩縣公文書館典藏）

▲1945年5月，背著嬰兒的沖繩男孩。（沖繩縣公文書館典藏）

▲1945年5月，從沖繩那霸的市中心眺望首里山丘，空襲後的那霸已滿目瘡痍。（沖繩縣公文書館典藏）

▲1945年5月29日，美軍士兵在那霸的廢墟中行走。（沖繩縣公文書館典藏）

▲1945年5月10日，背著嬰兒的小女孩。（沖繩縣公文書館典藏）

▲1945 年 6 月 19 日，一名腿部受傷的男孩在年長居民的攙扶下前往收容所。（沖繩縣公文書館典藏）

▲1945年6月21日，一名受傷的沖繩小女孩等待著美軍政府的醫生的治療。
（沖繩縣公文書館典藏）

▲1945 年 6 月 25 日，7 歲的比嘉富子手持著白旗從山洞中走出，美軍攝影師捕捉了這個畫面，成為沖繩戰最著名的照片之一。（沖繩縣公文書館典藏）

▲1945年7月，美軍和其俘虜的14歲沖繩男孩合影，該名男孩先前被日軍徵召至軍隊勞動。（沖繩縣公文書館典藏）

▲1949 年 3 月 14 日，沖繩百名孤兒院的小男孩們坐在宿舍的小床邊上。（沖繩縣公文書館典藏）

目次

推薦序

如果當時美軍登陸的是台灣……

朱惠足（中興大學台灣文學與跨國文化研究所教授）

沖繩戰為二戰末期（一九四五年三月底到六月底約三個月期間），日美兩軍以沖繩本島為中心進行的激烈戰鬥，最終由美軍佔領沖繩本島及周邊離島。

一九四五年三月二十三日凌晨，美軍對沖繩展開空襲，揭開沖繩戰的序幕。三月二十六日，美軍登陸慶良間群島，四月一日登陸沖繩中部讀谷與北谷海岸。三日，美軍抵達沖繩東海岸，將沖繩本島截斷為南、北兩部分。向北前進的美軍部隊佔領沖繩北部與伊江島後，設置了俘虜收容所，日軍則逃竄山區。向南前進的美軍部隊，四月五日開始與日軍主力進行激戰。五月底，日軍將司令部遷移到沖繩最南端的摩文仁。日軍的向南撤退，造成許多在南部避難的居民被捲入戰鬥而傷亡。六月二十二日，牛島滿司令官自殺，日軍組織性的戰鬥結束。這場戰役，造成當時四十九萬沖繩縣居民當中三分之一左右的人喪生。

如果當時美軍登陸的是台灣，那會是什麼樣的狀況？

這並非憑空想像。美國海軍原先主張由台灣進攻中國戰場，但因為該路徑需要大量部隊，在一九四四年十月決定改為進攻硫磺島與沖繩，作為封鎖、進攻日本本土的基地與補給據點。十一月，日軍大本營預估美軍將進攻台灣，決定將駐守沖繩本島的第三十二軍三個師團當中的第九師團移駐台灣新竹，以加強防備。隔年一月第九師團移駐後，大本營以準備本土防衛為由，拒絕第三十二軍增派一個師團的請求。事實上，一九四五年一月上奏天皇後決定的「帝國陸海軍作戰計畫大綱」當中，已界定沖繩本島以南的西南群島為「執行皇土防衛的縱深作戰上的前緣」，面對敵人登陸時，以「極力造成敵人的流血消耗」的持久作戰為任務。原本擬定在灘頭迎擊美軍的第三十二軍，因而變更作戰計畫，改為在沖繩中部以南構築主要陣地，進行持久戰。同時，為了補充不足的兵力，在沖繩縣內進行徹底動員，包含動員男學生為鐵血勤皇隊以及通訊隊，動員女學生為護理隊。他們便是川滿彰在本書當中所聚焦的「成為士兵的少年少女」。

本書以未成年學生與孩童為對象，重新造訪一九四五年的沖繩戰。這樣的設定與二戰終結至今已歷經七十八年，沖繩戰體驗者大部分都已經離世或者是高齡有關。

歷史學者林博史在《沖繩戰的提問》（沖縄戦が問うもの，大月書局，二〇一〇年）一書當中，運用大量日軍、美軍以及沖繩居民的史料與見證，深入淺出地討論沖繩戰的各個面向以及爭議點。他指出，沖繩戰為迫使國民殉死（死なせる）的戰爭。如前所示，沖繩戰被界定為防衛日本本土、國體（天皇制）護持的「棄子」（圍棋戰術，指稱有意識地放棄，以換取外勢或其他利益的棋子），以持久作戰牽制敵人，換取準備本土決戰或投降談判的時間為目的。其次，日軍以自殺攻擊為主要戰術，透過飛機、小型船艦、人肉炸彈或魚雷的特攻攻擊，讓未經正式戰鬥訓練的居民也能對美軍造成損傷。如果考慮到沖繩戰是以沖繩的日軍以及居民的死為前提所進行的戰鬥，可將整個沖繩戰視為一種特攻的自殺攻擊作戰，因而造成莫大的傷亡。最後，日軍從戰前開始便極力宣導「玉碎」的思想，不允許軍民投降成為俘虜，以避免軍機洩露。除了極力強調美軍虐待俘虜的殘虐，駐守沖繩的司令官、參謀長與第二十四、第六十二兩個師團的日軍都是來自於中國戰場，他們口中日軍對於俘虜的殘忍對待讓沖繩居民心生恐懼，因而發生了「集體自盡」的悲劇。

沖繩戰另外一個特點是見證了日軍在戰場上不但沒有保護居民，反而對居民進行加害。除了強制老弱婦孺疏散至瘧疾肆虐地或命令、引導其集體自盡之外，日軍還將沖繩居民視為潛在的間諜，私下加以處刑。另外還出現日軍強迫居民讓出防空洞，或者是搶奪居民糧食的狀況。這些加害在戰後的《援護法》（戰傷病者戰歿者遺族等援護法）適用過程中，都被美化為居民的戰爭協力。鐵血勤皇隊及姬百合護理隊的傷亡也跟日軍的神風特攻隊一樣，被美化為殉國美談。

川滿彰《沖繩戰的孩子們》一書當中，未成年學生與孩童的經驗、記憶與見證如何凸顯上述沖繩戰的特質？帶給我們什麼樣的反思？

第一章〈孩子們的教育——成為士兵之路〉爬梳沖繩學童透過教育成為「少國民」與士兵的過程。沖繩雖然是日本的國內縣，但由於曾經是琉球王國，因而被視為準殖民地，與殖民地台灣一樣歷經同化與皇民化的教育過程，透過御真影（歷代天皇皇后照片）、《教育敕語》與詔書，培養學童的愛國心與忠誠心，以「守護南方國門」。恩納村村民當真嗣長（當時十一歲）的實際經驗，讓我們得知教育現場從一九四〇年開始，如何透過天皇崇拜、青少年團、讚頌戰死士兵、戰爭與防火訓練，培養學生的戰鬥意志與士氣，並動員學生協助糧食生產以及陣地構築。本章尾聲提到，一九四五年三月二十三日美軍開始空襲沖繩的那一天，正好是恩納國民學校的畢業典禮。學生在警消團員的指揮下協助滅火，但完全來不及。恩納村的房子被燒毀，畢業典禮也停辦。學童沒有拿到畢業證書，成為「虛幻的畢業生」。

第二章〈成為士兵的少年少女們〉則具體記錄學生上戰場的過程。日本帝國在一九四二年中途島海戰、瓜達康納爾島戰役節節敗退後，為了確保兵源，除了將中學的修業年限從五年改為四年，並從一九四四年起逐步修改《兵役法》以及防衛徵召規則，將接受徵兵檢查的年齡調降至十七歲，志願受徵召的年齡調降至十四歲。一九四五年二月下旬至三月，第三十二軍司令官、沖繩縣知事（縣長）與沖繩連隊區司令官三方交換了「有關鐵血勤皇隊編組及活用之備忘錄」，在沒有法理依據的狀況下，建立一套透過學校校長將教職員與十四歲以上的所有學生編組為鐵血勤皇隊，上交給軍方的機制。作者依照時間順序，分別記錄這些被動員的學生在南部與北部的戰場上遭遇到什麼樣的戰鬥場面，在什麼樣的情況下戰死。當這些戰死者帶著具體的校名、年級與姓名，出現在具體的地名與戰鬥場景中，他們不再只是戰死者數與比率圖表中的數字，而是一個個在槍林彈雨中消逝的年輕面孔與生命。

第三章則聚焦於學童疏散以及集體自盡兩種非出於戰鬥本身的傷亡。學童疏散為日軍為了確保糧食與軍營，將沒有戰鬥力的老弱婦孺疏散至縣外（日本本土與台灣）的措施。但一九四四年八月二十二日，載著一千七百八十八人出發前往長崎的對馬丸受到美軍攻擊，造成一千四百八十四人死亡，其中十五歲以下的孩子為一千零四十人，佔犧牲者的百分之七十。另一方面，日軍軍方（或透過村長）發放手榴彈，命令或引導居民集體自盡。由於許多手榴彈沒有爆發，造成居民利用斧頭等工具親手殺害親人的悲劇。第三章的標題「從戰場活下來的孩子」作為倖存者，見證了親人與同學如何在身邊死亡，另一方面，他們作為倖存者的悲慘境遇以及創傷，也是本章凸顯的重點。

第二、三章學生與孩童在戰場上傷亡或九死一生的經歷，與第四章學校校長與教師優先奉護御真影的狀況形成強烈的對比。在空襲與戰爭期間，校長與教師將奉護御真影、《教育敕語》與詔書作為第一要務，甚至比保護學生與兒童更為重要。不僅如此，學童還被動員修路、搬運，以利卡車將全縣收集而來的御真影運送到北部的縣有林事務所。

原本應該受到國家、社會、學校與家庭保護的學童與孩童，卻為了維持天皇所代表的國體，而被推上戰場赴死。而活下來的孩童有許多成為戰爭孤兒，在美軍統治下度過寄人籬下的艱辛歲月——這也是本書最後一章的主題。

事實上，沖繩也在戰後再次成為日本國家的「棄子」。一九四七年九月，昭和天皇透過親信向駐日盟軍總司令部（GHQ）傳達，希望美軍持續軍事佔領包含沖繩在內的琉球島嶼。另一方面，天皇也希望日本恢復獨立後，美軍仍能持續駐留日本本土，以便保護天皇制免於共產主義的威脅。影響所及，一九五二年《舊金山和約》生效後，日本恢復主權獨立，美軍持續軍事統治沖繩，同時日美之間簽訂了安保條約。

一九七二年，沖繩回歸日本後，美軍基地依舊存在，使得占日本全國百分之零點六土地面積的沖繩，負擔了百分之七十五的日美安保下的美軍基地。層出不窮的演練意外事故與犯罪，在治外法權庇護下，持續讓沖繩居民的日常生活籠罩在戰爭陰影下。以沖繩的美軍基地為據點而展開的韓戰、越戰等一連串美國的亞洲、中東侵略戰爭，也造成沖繩戰的死者無法受到慰靈。九〇年代日本泡沫經濟崩解後，右翼軍國主義興起，出現了否定南京大屠殺、肯定大東亞戰爭，並進行教科書篡改的歷史修正主義。沖繩戰當中的居民集體自盡是否出於日軍的命令也成為爭議，並引發教科書訴訟。

二〇一五年，日本重新解釋憲法，通過《和平安全法案》，讓總理有權在緊急狀態下派遣自衛隊到海外協助盟友（美軍）進行作戰。同時，根據二〇一一年防衛計畫大綱所提出的「西南轉換」，在西南群島配置自衛隊，以強化防衛力。二〇一六年日本在與那國島設立沿岸監視隊，二〇一九年在奄美大島與宮古島配備了地對海空的飛彈部隊，二〇二三年則在石垣島的自衛隊駐屯地配備飛彈。二〇二二年十二月，並通過「安保關聯三文書」的修訂，決定保有反擊能力，並在此後的五年當中將國防費提高至GDP的百分之二（現行的兩倍），總額四十三兆日元。

二〇二二年八月中共對台灣進行大規模軍演後，日本在西南群島急速的軍事化便以「台灣有事」的名目加以合理化。在面對中國軍事威脅的台灣閱讀川滿彰《沖繩戰的孩子們》這本書，「七十八年前有可能發生，但沒有發生在台灣的」沖繩戰的記憶與見證，帶給我們以下的訊息：

不管在哪個時代，戰爭總是以「國家與民族的存續」的大義名分加以正當化，但實際上，戰爭的本質與目的就是「死亡」與「毀滅」。

正如昭和天皇的戰爭責任完全沒有受到追究，二戰期間違反國際法的無差別空襲、強大殺傷力的新兵器使用、屠殺非戰鬥員居民等戰爭犯罪，在戰後並沒有受到制裁與究責，反而隨著科技的進步變本加厲，與核威懾力量（nuclear deterrent）構成新的死亡政治學（thanatopolitics）的戰爭型態。

長久以來，沖繩的美軍基地被認為保護台灣免於中國的武力威脅。作為在國際社會上不被承認的「非國家」，台灣如何與沖繩因沖繩戰與美軍基地的慘痛歷史經驗而孕育出的「反國家」、「反戰」思想進行連帶？在沖繩戰當中成為死者的、或者是倖存下來的學生與孩童的聲音與記憶促使我們反思：面對東亞再度成為戰場的危機，我們如何以自主性的思考與批判，對抗以「守護台灣」為名的情感動員以及聲囂日上的軍國主義浪潮？如何將戰爭的教訓與啟示傳承給我們的下一代？正如川滿彰在本書的最後提醒我們的，「不管哪個時代，孩子們都是看著大人的背影長大成人的」。

推薦序

從孩子的視角思考戰爭

阿潑（《憂鬱的邊界》作者、媒體工作者）

「……我們絕對不會忘記那個時代教育的恐怖，它讓我們對真相視而不見，屬於人類的人性的判斷、思考和生存的權利遭到剝奪，迫使我們奔赴死亡的戰場。」

——一九八九年六月二十三日，沖繩師範學校女子部、第一高等女學校姬百合校友會

提到太平洋戰爭或二次大戰，人們總以為那是久遠以前的過去，是一段無須探究的歷史。但歷史實為當代的借鏡，例如今（二〇二三）年初媒體報導教育部召集地方主管機關，要求將十六歲以上學生不分男女的動員計畫與名冊，填報到全民防衛動員資訊整合系統，引起輿論反彈，沖繩戰中青少年因戰爭動員犧牲的悲劇，便被引作反對案例。

後者正是川滿彰這本《沖繩戰的孩子們》所要闡明的主題，他的問題意識是：「如果自己小時候發生戰爭，會是怎麼樣的情況？」

這本書中提到的孩子，絕不是吉卜力動畫《螢火蟲之墓》中那對受戰爭影響的兄妹那般苦苦求得生存而已。沖繩的少男少女因受軍國主義教育，無法對戰爭發出質疑，甚至被迫成為戰爭的工具。故鄉就是戰場，他們無可避免地直面血腥。

「在沖繩如此一個小島上發生地面戰，對孩子們而言可說是幾乎沒有喘息的空間。戰死的原因眾多，有些是因為美軍的攻擊，有些人則是遭到日軍虐殺。」川滿彰直言：「本應受到保護的孩子們，之所以成為士兵站上戰場，或被丟在『鐵之暴風』的災難之中，正是因為大人們鋪了這條路。」

開門見山地說，我認為這本書對於台灣讀者之所以具有閱讀價值，不僅僅因為它給我們了解沖繩近代歷史的新視角，也是因為此書的觀點與內容，可以和台灣的過去、現在，乃至未來產生共鳴回聲。而這必須從二〇一五年六月二十三日，終戰七十年，我到沖繩參加慰靈祭開始說起——

這是一場為了悼念沖繩戰犧牲者的祭儀。在這場發生在一九四五年、長達九十天的殊死搏鬥中，美日兩國保守估計有超過二十萬人死傷，其中包含無可計數的沖繩平民。但理應肅穆的儀式，在這一年卻很是躁亂，我抵達和平紀念公園時，只見會場外圍已有許多抗議群眾，舉著標語，拉著布條，等著當時在任總理的安倍晉三到來，要求他廢止戰爭法案、不要修憲擴大集體自衛權。

「不要打造戰爭出擊的基地！」儀式進行前，他們反覆說道：「軍靴不准再踏上沖繩的土地。」

七十年前的這一天，沖繩最高指揮官牛島滿與其部屬於摩文仁村附近集體自盡，雖說直到八月十五日日本宣布投降之前，這塊土地上仍有戰火殺戮，但在名義上，可以視為沖繩戰的終結。彼時取得沖繩控制權的美軍，直至今日仍在群島上蓋基地，開軍機，穿著軍靴走動。每一步都是踩踏在沖繩尚未癒合的傷口上。

安倍晉三的人與座車在公安與警力的重重戒護下，順利抵達會場，陳情抗議的聲音阻絕於外，但也隨著儀式開始，沖繩縣議會議長、遺屬代表，乃至沖繩縣知事翁長雄志陸續上台致詞，而一句一句傳達出來。台下觀眾不時報以掌聲，熱烈回應。

與之相比，最後上台的安倍晉三則顯得狼狽，場內先以冷淡漠然的氣氛迎接他，待他致詞時，座席區的民眾甚至此起彼落地喊著：「滾回去！」「你沒有資格上台！」「廢話連篇。」

因為見證這整個過程，我感受到安倍晉三對美日同盟與國防軍備的強硬堅持，也明白他所提的「台灣有事即日本有事」，何以招致沖繩人異議——那無疑是將沖繩再次捲入戰爭之中。

就在《沖繩戰的孩子們》繁中版出版的這一年（二〇二三），這個議論又浮現檯面——現任沖繩縣知事玉城丹尼訪中，接受媒體訪談時，再次對「台灣有事即日本有事」表達不認同態度。而日方與台灣也以「這是地方政府意見」，阻絕溝通與討論的可能。

因此，在談論這本書之前，作為一個台灣人，我認為有必要將台灣與沖繩的相對位置先點出來，才不會讓我們總以「他人的戰爭」或僅是「他人的不幸」的高位視角，看待沖繩近代歷史與《沖繩戰的孩子們》——

發生在一八七四年的牡丹社事件，是台灣歷史教科書的內容，恐怕也是你我認識沖繩（琉球）的開始。這起禍事，既是日後日本殖民台灣的伏筆，也是他們強行併吞琉球王國的取徑。至一八七九年，琉球王國正式滅亡，琉球藩變成沖繩縣，這個島群也就正式成為日本的一部分——即使當時清帝國仍未放棄對琉球的宗主權，持續向日本抗議，但經一八九四年甲午戰爭敗戰，台灣也割讓給日本後，就無力過問琉球的問題，琉球便在國際默認下，歸屬日本。

儘管沖繩屬日本領土，台灣則是殖民地，但對日本政府來說，都是「化外之民」，必須經過教化。隨著日本軍國主義興起，更是要將這些島群居民變成「皇民」好為己所用。中日戰爭開打後，不論沖繩、台灣，甚至是朝鮮都被迫捲入戰爭，也參與了戰爭。

川滿彰在台灣版序中，也將牡丹社事件及台灣受「國體護持」思想牽連而參戰的歷史，作為台灣與沖繩的連結。但透過牡丹社事件及其後續的描述，他進一步提出一個沖繩與戰爭關係的清晰觀點：「沖繩不僅只是日本長年戰爭的最後戰場，早在日本作為現代國家發動戰爭之始，就已經為國家所利用。」

沖繩因為比台灣還早被日本併吞，又設有縣廳，也就比台灣更早經歷現代化政策。然而，日本政府在沖繩推行現代化，並非考慮人民生活水準提升，而是為了「國家利益」——官員希望沖繩人熟知天皇的存在，並培養出對天皇及明治政府自發的忠心，「而他們遇到最大的困難，則是沖繩當地與日本本土完全不同的語言及風俗習慣。」川滿彰在書中如此寫道。

至一八八九年大日本帝國憲法頒布，內容鼓吹國家主權為天皇所有，天皇地位神聖不可侵犯，所有臣民都應該支持天皇進行「國體護持」，維持天皇制。而沖繩是「南方國門要地」，更應該被守護。

沖繩縣廳透過帝國教育的象徵——包含日之丸、御真影（天皇玉照）、《教育敕語》（天皇的話寫成的教育方針）的推行，讓對皇室國體觀念相對稀薄的沖繩民眾，得以被同化。

我曾經看過一個小故事：某個知識分子向村人宣讀《教育敕語》，提到要孝順父母、友愛兄弟、夫婦互相敬重……「你們明白了嗎？」面對此人的詢問，一個老農夫忍不住回答：「我們當然非常明白，你這樣說是為難了我們。」農夫並不是刻意諷刺對方，只是夫妻和樂持家本來就是個人的事，根本不用天皇來指示。但這也是當時沖繩民眾內心對於「天皇教」的抵抗。

以「惟命是寶」作為信念精神的沖繩，先是面臨皇民化的改造的困惑，再遇上一八九八年實行徵兵制的衝突。當時有個流行的觀點是這麼說的：「你被別人折磨，還是睡得著，但若你對他人施暴，則無法安然入睡的。」這是沖繩人厭惡軍事與戰爭的表現，很多人甚至藉著自殘來逃避徵兵。沖繩軍區司令部也注意到這點，認為沖繩人民的弱點是「軍事思想差，不喜歡服兵役」，因此，該如何讓他們對天皇忠誠、愛國，便成為日本政府的當務之急。

當然，隨著軍國教育推進，沖繩的男孩子也逐漸培養出不只要「守護南方國門」，還要守護皇國的意識。從川滿彰這本《沖繩戰的孩子們》可清楚看到，這些少男少女受到皇民化教育，而後接受為國家而戰的完整過程。即使如此，他也提到，當戰爭即將發生，學校徵召學生上戰場時，他們毫無意願，但教官師長卻在學生與家長都不同意下，強制動員。學生不論表不表態，都要上戰場。

在讀這本書時，我不免想起學者彭明敏曾在《自由的滋味》中細述自己中學時受到嚴苛軍訓教育的感受：「狂熱的校長和軍訓教官，反覆為戰爭鍛鍊我們，不停對我們講述中國人的落後和懦弱、日本人的英勇和日本為中國所做的自我犧牲。台灣人學生發現自己處在痛苦與尷尬的境地。」

「一般說來，全體師生大多有強烈反軍國主義傾向，我們欲維護獨立的象牙塔，軍國主義則要摧毀它們。」彭明敏稱自己是殖民地人民，理論上不必服役，但當時已有很多台灣青年被迫當志願兵，而正在日本讀書的他，也被邀「簽請從軍」。儘管並無意願，但東京帝大「受邀請」的名單公布後，彭明敏的名字，竟也在上面，後來他失去左手臂，正是在逃避「被當兵」途中，遭到空襲受傷。

如前所述，不管日本、台灣或沖繩，在日本軍國主義之下，無論個人意願如何，都活在戰火之下。但在沖繩，又特別不一樣。這又要回到沖繩戰的重要性來談：當時，美軍將沖繩戰視為搶攻日本本島這個「不沉的航空母艦」的重要戰略，而日軍也將沖繩戰定位為阻止美軍登陸本土的一場持久戰，盡可能拖延時間。為了響應這一最高命令，沖繩守備軍決定採「玉碎」方針——也就是以「寧為玉碎，不為瓦全」全體犧牲的目標作戰。為此，必須動員沖繩縣民，包含學生。

他們在沒有任何法律依據的情況下，強行動員學生上戰場。以被編為「姬百合學徒隊」的沖繩女高中生為例：這些十五到十九歲的女學生要在環境惡劣的戰壕中，看護傷員，手術時還要負責按住傷患將被切除的肢體的工作。此外，她們要在戰火間隙中取水煮飯，還要在槍林彈雨中穿梭於戰壕間傳遞命令。

除了姬百合學徒隊外，其他被動員的沖繩男學生，則被編成「鐵血勤皇隊」、通訊隊、護鄉隊等。他們不但擔起搬運彈藥和挖戰壕的工作，也要殺入敵陣，甚至背著彈藥往敵營衝去，與敵人同歸於盡。而其中讓人感到最怵目驚心，毫無人性的，莫過於抓間諜活動，這甚至讓學生之間必須彼此殘殺。

在這過程中艱辛活下來的學生們，在沖繩軍宣布解散後，還要面臨到無人指揮，獨自面對美軍包圍的地獄，最後慘烈的犧牲。

綜上所述，川滿彰透過《沖繩戰的孩子們》呈現這些少男少女在戰爭下的境遇，描述這些沖繩孩子接受了什麼樣的教育，如何被迫上了戰場，在戰場上的遭遇是什麼，如何死如何傷，如何殺人又如何自殺。即使可以疏散，也會遭難，就算不用上戰場，也可能因飢餓瘧疾而死亡。就算戰爭結束，接下來還有各種痛苦劫厄在前面等著那些活下來的孩子。

這本書不只是談歷史上的戰爭，也不僅陳述戰爭下孩子的苦難，我認為它更希望讓讀者洞察戰爭的本質，就如作者在文末特別強調女性、孩童、身障者這些在社會上處於弱勢地位者的人權，跟國家主義的無法相容性。儘管安倍晉三已過世，但川滿彰仍期待安倍的繼任者乃至日本政府可以好好思考這個問題。

《沖繩戰的孩子》雖是從孩子的角度展現戰爭的殘暴，但它也是提醒我們，國家社會的發展，都是為了下一代，我們所作所為都指向未來，但那個未來，應該是何種路徑？有時候，可能也要蹲下身子，從孩子的視角，想一想。

台灣版序

從我的父親談起

我想說一說關於我的父親惠清的事。我的父親惠清，以及他的姊姊Fumi（フミ），在戰後從中國東北部的「滿洲國」——日本的傀儡國家——歸國[1]時，成為了戰爭孤兒。兩個人好不容易回到位於沖繩宮古島的故鄉，卻背負著戰爭孤兒的重擔，在反覆的屈辱及挫敗感中度過青春期的歲月。讓孩子們承受戰爭孤兒的重擔的，正是國家和大人們。我想藉由我的父親惠清，以及他的姊姊Fumi的故事，聊一聊原本應該被好好照顧的孩子們，卻被戰爭籠罩的生命。

母子六人的逃難之行

太平洋戰爭爆發的一九四一年，惠清和Fumi遠渡到日本憑藉武力建立的滿洲國。他們的雙親以「開拓移民團」的身分，從距離沖繩島以南約三百公里的宮古島，移居到中國東北部黑龍江省的方正縣伊漢通地區。當時惠清八歲，Fumi十歲。他們的父母在伊漢通地區共生養了六個孩子，一家八口一起生活。惠清回想道：「雖然冬天過得很辛苦，但也有一些快樂的回憶。然而我後來才知道，一望無際的廣大開拓土地，其實是從中國人手中搶來的。」

一九四五年八月，日本即將戰敗之際，常駐的日軍沒有告知當地的平民（八月十五日）戰敗的消息，就自行撤退了。這就是日本政府的棄民政策，背後原因是顧慮開拓移民者一旦開始撤退，蘇聯軍隊可能一口氣加速進攻，以及原先被壓迫的中國人可能變成暴民等。

蘇聯軍隊攻入了伊漢通地區。當時惠清的父親惠可已經接受徵召，成為日軍的一員，之後淪為蘇聯軍的俘虜，被滯留在西伯利亞。四散各地的家庭，都有母親帶著孩子和年邁的長輩逃難。惠清的母親松子，也帶著惠清、Fumi等六個孩子，朝大城市哈爾濱前進。白天找地方藏身，到了夜晚才前進，一共走了約兩百公里的漫漫長路。惠清回憶道：「不知道是不是在逃難途中萬念俱灰，我看過一位母親把自己的孩子從橋上扔下去。還有老人不堪疲憊，說『我就走到這吧……』，放棄繼續逃難。」Fumi則說：「最先死去的都是可以走路的小小孩。」她回想：「弟弟惠喜（當時七歲）、妹妹美佐子（當時五歲）在逃難途中得了麻疹，無法走完全程就死了」、「輝夫（當時三歲）死去的時候，還背在背上。」一而抱在懷裡的廣子（當時兩歲）也過世了。

一行人抵達哈爾濱時，只剩惠清、Fumi和母親松子三個人活下來。三個人都得了傷寒，母親松子因為病情嚴重，住進了由日本人學校「花園小學校」改建成的平民收容所內設置的醫院。Fumi說：「我們每天早上都去媽媽那裡。有一天，媽媽交給我一個袋子，裡面裝著死去弟妹的頭髮和指甲，然後說：『你們一定要把這個帶回去（日本），千萬不可以離手，洗澡的時候也要掛在脖子上，不可以拿下來。』」隨後母親便去世了（當時三十六歲）。花園小學校收容所收容了大約五千人，其中有約兩千人像松子一樣過世了。

惠清和Fumi參加的伊漢通開拓團的人口動態表保存了下來。一九四五年八月十五日戰敗時，伊漢通地區的居民有七百七十九人，其中有四百七十一位孩童。大家輾轉逃難到花園小學校收容所，不久後倖存者只剩下二百零五人，有七十八位是孩童[2]，包含了惠清和Fumi。

兩人獨力歸國

花園小學校收容所中聚集了許多希望返回日本本土的人。不論是選擇留在中國或返回日本本土，都離死亡靠得很近。Fumi謹遵著松子說過的「一定要回日本喔」這段遺言，決心返回日本。惠清與Fumi兩人於是自力踏上了歸國的旅途。

就在終要歸國之際，惠清卻罹患了腳氣病。腳氣病是營養失調引起的疾病。Fumi回想惠清的情況：「坐著的時候上半身腫脹，站起來則下半身腫脹，腳部沉重，當時的狀態根本無法走路。」惠清則回憶：「我對Fumi說『就到這裡吧，我自己留下來。』」Fumi說：「當時我想……難道連惠清也不行了嗎？」但Fumi又想起母親松子曾說過「一定要一起回去」，於是硬是強迫不願行走的惠清，步行前往哈爾濱車站。

好不容易抵達哈爾濱車站時，最後一班回國的火車已經緩慢出發了。就在Fumi束手無策，覺得「已經來不及了」而萬念俱灰之際，一位朝鮮人青年看到兩人在哭，便問他們：「怎麼在哭呢，你們是日本人嗎？」。Fumi對他說：「我們是日本人，我們想搭那輛火車……」於是青年便背起惠清，張開手臂夾住Fumi朝著火車奔跑，然後對著無蓋列車裡坐滿的人大叫：「喂，誰幫忙接住兩個孩子們！」把惠清和Fumi丟上去。無蓋列車裡的人們也沒管兩人是誰，伸手就抓住惠清和Fumi。Fumi回想起那時候的事情說：「那時候我們連道謝的氣力都沒有。要不是那個朝鮮人幫忙……（我們一定回不了日本）。」

回國的路十分艱難。中國國內國民政府軍和八路軍的對峙情勢日趨白熱化，回國的路上必須穿過內戰的地區。惠清和Fumi下火車後，先是步行、渡河，之後又搭上火車，反覆幾次之後，才抵達朝鮮半島最尾端的釜山港。從哈爾濱到釜山，光是直線距離就有一千二百公里。期間唯一能倚靠的物資，只有原本帶在身上的水。之後兩人終於在釜山港搭上歸國（引揚）船，然而，船裡瀰漫著疾病和惡臭，返鄉者們一個一個死去。惠清回憶說：「他們真的很可憐，明明好不容易才搭上了船……。」惠清和Fumi搭的船因為傷寒肆虐，沒辦法停靠在原先預定的長崎縣佐世保港，而是轉而航向廣島縣的大竹港。

惠清和Fumi在引揚援護局[3]的職員帶領下，進入名古屋的歸國居民收容所。他們的運氣很好，在那裡遇到了叔母良子，一起回到宮古島最北端的狩俣聚落。當時惠清十三歲，Fumi則為十五歲。

戰後孤兒的生活

惠清的爸爸惠可被滯留在西伯利亞，在戰敗三年後才回到宮古島。然而他缺乏擔當，沒有去接回惠清和Fumi，即使在同一個村落裡生活，仍把兩人寄養在親戚家。惠清每次看到惠可的臉都心想：「當初為什麼要去那種地方（滿洲）……」、「為什麼不接我們回去」、「讓我們去上學」。一段時間之後，惠清對惠可的怨懟轉為一種挫敗感，覺得怎樣都無所謂了。在遇見惠可的時候，他的心境與失去雙親的戰爭孤兒相比，可以說別有一種孤獨感和屈辱感。無論如何，惠清和Fumi只能作為戰爭孤兒活下去。

惠清和Fumi跟親戚一起生活後，他們沒法去上學，只能充當勞動力，幫忙種田和捕魚。惠清說：「不知不覺中，當初同年級的同學，都已經忙於準備高中入學考了。」Fumi則住進平良市內的牙醫診所當學徒。惠清回憶說，留下來的自己「每天用芒草穗製作掃帚，走單程十公里的路去販賣」、「像沒人要的皮球，輾轉在不同人家裡工作」，Fumi也回憶道：「惠清每次來我這裡都在哭，但我什麼都做不了。」雖然具體的名目不明，當時地方行政單位有配發給惠清罐頭和裁縫用的布料，但罐頭被親戚的家人吃掉，惠清自己沒得吃，布料則被做成親戚家小孩的衣服。

當時，宮古島正好陷入了糧食危機。《宮古新報》登出了「糧食情況不容樂觀看待」（一九四六年三月三日）、「蘇鐵中毒致一家三口身亡」（一九四六年十一月十三日）等新聞。正是在這樣的社會狀況下，戰爭孤兒被當成勞動力使用。宮古島的勞動人力隨後流向正在建造美軍基地的沖繩島，惠清也帶著不再回去宮古島的決心，於十九歲時前往沖繩島。

不只沖繩，全國各地在戰敗以後出現的戰爭孤兒多由親戚接手，這些家庭大多將寄養的孤兒當成勞動力，毫不留情地使用，鮮少將孩子當成家中的一份子。我的父親惠清就在這樣的環境下長大，最後生下了包含我在內的四個孩子。二〇二一年，惠清在八十九歲時離世。

台灣與沖繩

二〇二四年將是牡丹社事件屆滿一百五十週年。想必大家已經熟知，牡丹社事件指的是宮古島的納貢船從琉球王府返回島上時，因為遇到颱風而漂流到台灣，六十六名琉球人當中有五十四名被牡丹鄉的排灣族殺害，而後日本軍隊於一八七四年進犯台灣。這也是日本政府（編註：指明治政府）首次出兵海外的事件。之後，日本對清國要求承認琉球人是日本人，將琉球王府改為「琉球藩」，並於一八七九年的「琉球處分」之際，設立縣廳作為政府管理地方的機構，又將琉球藩變為「沖繩縣」。

日本於一八九四年開打的日清戰爭（甲午戰爭）中獲勝，透過對其有利的《下關條約》（《馬關條約》），台灣被割讓給了日本。隨著太平洋戰爭戰場的擴大，政府實施皇民化教育，加速對台灣民眾的「日本人化」，台灣的青年男女也接受徵召或以志願方式被送上前線。台籍日本兵及軍屬合計約有二十一萬人，其中有三萬多人犧牲性命。此外，光是一九四五年五月三十一日發生在台灣的大空襲中，就有三千人喪命。[4]戰敗後則有台灣出身的將校，作為日軍的一份子，成為戰犯入獄或被判處死刑。他們也被日本政府一貫的

「國體護持（天皇制護持）」思想牽連，並未得到日本公平（相當於日本本土）的道歉及賠償，說日本在台灣施行了和在滿洲國一樣的棄民政策並不為過。日本政府對台灣負有很沉重的戰爭責任。

據說沖繩戰前，沖繩一共有二百二十八個家戶，有一千零二十五位台灣人定居在此[5]，而沖繩縣「和平之礎」上刻有名字的戰歿台灣人只有三十四人，人數相當少，還需要更多後續調查。

期待本書可以成為台灣與沖繩歷史文化交流的橋樑。

前言　如果兒時發生戰爭

對戰爭深信不疑的日子

沖繩在距今七十六年前發生了地面戰。不知道各位讀者是否想像過，如果自己小時候發生了戰爭，會是怎樣的情況呢？又是否思考過「如果自己小時候因為戰爭失去兄弟姊妹」、「如果自己小時候因為戰爭失去雙親」、「如果自己小時候因為戰爭成為孤兒」等問題呢？本書將依聯合國《兒童權利公約》的定義，將討論對象聚焦在十八歲以下的兒童（孩子）。

這些孩子們在其成長的年代，多半不曾對戰爭實際發生時的狀況抱持疑問。每次日軍在日本本土以外的地方打勝仗，大人們總是歡欣鼓舞、設宴慶祝，而孩子們看著這些大人的行為，深信戰爭是正確的、日軍所侵略的國家比日本更次等，而敵國的國民都是壞人。

小學教科書上寫著「前進吧／前進吧／士兵啊／前進吧」，孩子們大聲朗誦，老師則教導孩子們：士兵為國而戰，是偉大的英雄。孩子們於是逐漸對軍隊產生憧憬。

於是，一旦孩子們成長到兵役義務的規定年齡，在「為國而戰」的口號號召之下，孩子們主動前往戰場，父母則看著他們的背影，在哭泣的同時連喊三次「萬歲」送他們上路。若是兒子戰死，被放進白木箱送回來，則化身為地方上的「英靈」由眾人迎接，父母只能在盛大的葬禮結束後暗自哭泣。到了某個時間點以後，甚至連白木箱也沒了，而是換成一張薄薄的戰死公報。以上這些都是沖繩戰開始前，日本戰爭期間發生的狀況。

究竟有多少孩子被捲入沖繩戰，在戰場上活下來或喪命？就結果而言，精確的數字已不可考。

沖繩戰尚未釐清之處——一般縣民的戰歿者人數

一九五七年，琉球政府公布的沖繩戰歿者總數為二十萬零六百五十六人，其中沖繩縣出身者為十二萬二千二百二十八人，其他都道府縣出身的士兵為六萬五千九百零八人，美軍則為一萬二千五百二十人。

在沖繩縣出身者中，又分為一般縣民九萬四千人，和沖繩縣出身的軍人、軍屬共二萬八千二百二十八人。圖一中雖未細分，但一般縣民的九萬四千人中，又可分為「參與戰役

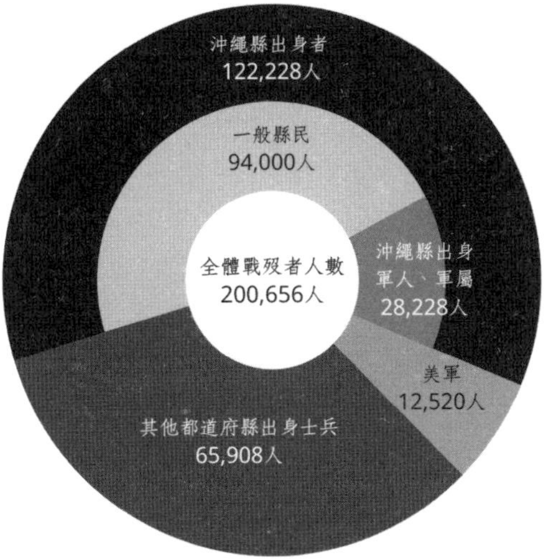

圖一：沖繩戰戰歿者總數估計（來源：《沖繩縣和平資料館綜合導覽手冊》）。英國士兵、朝鮮半島出身者和台灣出身者未計入。

者」五萬五千二百四十六人，和「一般居民」三萬八千七百五十四人。

所謂「參與戰役者」，是指日本政府為援用《戰傷病者戰歿者遺族等援護法》（以下簡稱《援護法》）而特別設置的分類，內容多半刻意將居民描述為積極協助軍方作戰而死，如將居民被日軍趕出防空洞而喪命的事件，寫成「提供日軍防空洞而戰死」，或將居民被迫成為軍屬而戰死，寫成「志願成為軍屬而戰死」。許多在沖繩戰中喪命的人都還是孩子，分類將未滿六歲甚至零歲的嬰兒都定位成參與戰役者，事實上是扭曲了沖繩戰的實際情況。另外，一般縣民的犧牲者數字「九萬四千人」也有很大的問題。

沖繩國際大學名譽教授安仁屋政昭指出，三萬八千七百五十四位「一般居民的犧牲者數，並非基於正確的調查得出」，他還認為：一、援護業務未必將瘧疾病死及餓死等情況計入沖繩戰的死者人數中；二、有些人被納入「參與戰役者」的統計，有些人則被忽略，沖繩戰戰歿者的計算範圍並未有明確定義，「估計一般沖繩縣民中，死者可能超過十五萬人。」[1]

為了考慮如何讓一般縣民能夠適用《援護法》，日本政府於一九五二年派遣三位厚生省事務官前往沖繩進行調查，其中一位官員木村忠，在國會報告時這麼說：「根據戰爭結束不久後琉球政府的調查，戰爭結束前沖繩島的居民四十九萬二千一百二十八人當中，戰歿者有十六萬五千五百零三人。當然，這是針對留下來的人所做的調查，是在戶籍等資料都被燒毀殆盡的狀況下，依據現在存活下來的人所算出的數字。數字有可能比這更多，但不太可能更少。」[2]

厚生省事務官木村忠的報告與安仁屋政昭所提的「超過十五萬」數字相近，與沖繩縣一般縣民的戰歿者數字九萬四千人則相差甚遠。

另外，曾任引揚援護局勤務厚生事務官的馬淵新治則表示，截至一九五〇年三月底、也就是戰後五年為止的申報當中，「協助陸軍相關戰役者」（即後來的「參與戰役者」基礎資料）有四萬八千五百零九人，其中十四歲以下者有一萬一千四百八十三人。[3]

沖繩縣在一九九五年時，為紀念戰後五十週年建立「和平之礎」，銘刻所有沖繩戰中死亡的人名，銘刻時不因國籍、人種有別，也不區分敵我，旨在向世界傳達戰爭的悲慘和無意義，獲得沖繩縣內縣外乃至海外的高度評價。到二〇二〇年六月為止，一共有二十四萬一千五百九十三人的名字被刻在「和平之礎」上，其中沖繩縣出身者有十四萬九千五百四十七人。然而沖繩縣出身的戰死者中，也包含一九三一年開始的十五年戰爭中戰死的人，且未限定死亡地區為沖繩縣境內，實際上沖繩戰的戰歿者數依然不明。

沖繩島南部孩子們的戰歿者人數

進入正文以前，我想先討論戰爭最為激烈的沖繩島南部糸滿市、八重瀨町、南城市、南風原町的戰歿孩童（包含疏散學童時犧牲者[4]）的人數。一九四五年五月下旬，日軍第三十二軍從首里撤退，戰爭的前線往南部移動，居民在南部遭遇了激烈空襲及艦砲射擊，甚至被稱為「鐵之暴風」[5]，在混亂的局面中身陷來自美軍和日軍兩方的攻擊。

現在的糸滿市包含戰前的糸滿町、兼城村、高嶺村、真壁村、喜屋武村、摩文仁村等一町五村，南城市包含佐敷村、知念村、玉城村、大里村（現在的與那原町地區除外）等四村，現在的八重瀨町是由東風平村、具志頭村二村合併而成，南風原町則是戰前的南風原村。戰前的南部為一町十三村（包含豐見城村），這次調查的二市二町，含括了其中的一町十二村。

這個地區的居民，有部分在地面戰開始前就避難到島的北部，但多數居民逃難不及，戰歿的地點多集中於南部。筆者請八重瀨町、南城市、南風原町提供依年齡段區分的戰歿者人數資料（糸滿市的資料刊載於《糸滿市史資料篇七：戰時資料下卷》）。一部分地方政府的資料（與那原町、豐見城市）並未包含在內，且因為調查是來自「市町村史」，調查項目也並未統一，但仍可從中窺見孩子們在南部戰死的情況。當時的人口及戰歿者，參考的是《沖繩縣史各論篇六：沖繩戰》資料。

在表一到表四中，一町十二村的孩童戰歿者數，有統計年齡範圍上的差異，但總數為七千五百二十六名。這些孩子當中，有一部分是因為疏散學童而死，也包含了參與鐵血勤皇隊、女子護理隊的少年少女們。戰歿者人數統計的年齡並未統一，但依然可以看出戰歿孩童人數相當多，且年齡愈低，人數愈多。

在沖繩如此一個小島上發生地面戰，對孩子們而言可說是幾乎沒有喘息的空間。戰死的原因眾多，有些是因為美軍的攻擊，有些人則是遭到日軍虐殺。沖繩民眾在中南部逃難時幾乎是踩著屍體前行，有些居民為了活命，將小孩趕出防空洞，也有小孩被居民殺害，

表一　糸滿市的孩童戰歿者數（未滿十四歲者）

舊地方政府名	糸滿町	兼城村	高嶺村	真壁村	喜屋武村	摩文仁村	合計
戰歿者數	336	414	479	606	192	446	2,473

*《糸滿市史資料篇七：戰時資料下卷》的戰歿者數原以「字」為單位，表上數字為以「町、村」為單位合併計算後的數字。[6]

*糸滿市當時的人口為 24,811 人，戰歿者為 9,403 人。[7]

表二　南城市的孩童戰歿者數

年齡	0~10 歲	11~18 歲	合計
戰歿者數	949	789	1,738

*南城市當時的人口為 26,185 人，戰歿者為 6,715 人。

表三　八重瀨町的孩童戰歿者數

舊地方政府名	0~10 歲	11~18 歲	合計
東風平村	774	482	1,256
具志頭村	573	267	840

*八重瀨町的戰歿孩童數合計為 2,096 名。

*八重瀨町當時的人口為 15,214 人，戰歿者為 6,303 人。

表四　南風原町的孩童戰歿者數

年齡	0~9 歲	10~19 歲	合計
戰歿者數	736	483	1,219

*南風原町當時的人口為 8,899 人，戰歿者為 4,016 人。

旁人卻默不作聲。北部有人在山裡徘徊，直至餓死或瀕臨餓死。美軍雖然並未登陸宮古島和八重山群島，居民卻受戰時瘧疾之苦，許多孩子因而喪命。

本應受到保護的孩子們，之所以成為士兵站上戰場，或被丟在「鐵之暴風」的災難之中，正是因為大人們鋪了這條路。本書將聚焦十八歲以下的孩童，重新整理累積至今的沖繩戰相關資料。

在撰寫本書的過程當中，為了能更貼近孩子們經歷的沖繩戰，呈現沖繩戰實際情況時，將盡可能使用戰死者的「人數」，僅在引用資料只呈現百分比時使用戰死者的「比率」。

「如果在自己小的時候發生戰爭，會是怎樣的情況？」

希望各位讀者可以對照現今孩子們身處的社會狀況來閱讀本書。

第一章

孩子們的教育
——成為士兵之路

沖縄戦の子どもたち

成為日本人之路——同化教育、皇民化教育的起源

從琉球國到日本國

沖繩戰中，許多兒童及年輕人在逃命的過程中失去生命，或是成為士兵不幸戰死。當時的少年少女們因時代背景自然發展出報效國家的觀念，許多少年們憧憬從軍，少女們則以生育男孩、成為支援後勤的「賢妻良母」為其人生目標。想了解他們為何將參與戰爭、報效國家視為正義之事、看作一己之使命，我們就必須提及當時的歷史背景，也就是政府自一八八〇年代後半開始推行的「富國強兵」政策、以此為基底提倡「全民皆兵」的徵兵制（即爾後的《兵役法》），以及強調國家的重要性大於個人的國家主義。為了灌輸上述思想並促使國民團結一致，政府將「國體（天皇制）護持」作為培育國民的關鍵概念。

若要回顧針對兒童施行國家主義、軍國主義教育的起源，我們得將時間從少年少女親上戰場擔任士兵、護士的沖繩戰倒回到六十六年前，也就是一八七九年「琉球處分」發生之時。本章將以當時的用語「大和人」與「沖繩人」[1]，回顧六十六年間的歷史經過。

明治政府於一八六八年發跡，最早使用武力向外侵略，是在一八七四年的「台灣出兵」（牡丹社）事件。當時琉球國（藩）仍處於同時隸屬中國（清國）與日本國兩國的體制下，琉球的納貢船在從首里返航至宮古島途中遭遇船難，後雖幸運漂至台灣，但船上六十九位船員中有三位溺死，另外有五十四位遭到台灣原住民斬首殺害，整起事件成為政府出兵的導火線。當時西鄉從道擔任明治政府的陸軍大輔（即中將），以該事件為藉口出兵征討台灣的原住民，意圖切割琉球國與中國的關係，將其納入日本的支配底下，並且視情況一併佔領台灣。

沖繩不僅只是日本長年戰爭的最後戰場，早在日本作為現代國家發動戰爭之始，就已經為國家所利用。

一八七九年三月，在出兵台灣五年後，明治政府以武力入侵首里城，並於四月四日正式將琉球併為日本之一縣，此即史稱的「琉球處分」，由時任內務大書記官的松田道之下令執行。松田曾擔任滋賀縣縣令，於一八七五年以內務大書記官身分前往琉球，並於四年後擔任琉球處分官，率四十一名內務官僚、一百六十名武裝警官、約三百名熊本鎮台分遣隊（陸軍部隊）人員進到首里城。

松田下令要求琉球第十九代國王尚泰王「搬離並交出首里城」、「與清國斷絕關係」、「尚泰王本人遷居至東京」、「交付琉球的土地、人民與政府文件」，並廢止王府制，設置了沖繩縣廳，之後由鍋島直彬出任初代縣令（任期為一八七九年四月至一八八一年五月）。短時間內，沖繩的統治者便從琉球王府變成了明治政府。

同一年（一八七九年六月四日），祭祀明治政府軍戰歿者的「東京招魂社」被更名為「靖國神社」，可見此時期政府已經開始著手，準備將後續戰爭中的犧牲者當作英靈來祭祀。

國家利益與學校

縣廳是明治政府的直轄機關，官吏大多由來自其他府縣者，即所謂「大和人」擔任。當時一百名官吏當中只有二十四名沖繩人，其中又有二十二名是擔任最下層的職位「御用掛」。[2]

縣廳幹部的目標是為日本的「國家利益」推動沖繩的現代化，同時讓沖繩人熟知天皇的存在，並培養出對天皇及明治政府自發的忠誠心，而他們遇到最大的困難，則是沖繩當地與日本本土完全不同的語言及風俗習慣。

為了統治沖繩並推動現代化，縣廳必須快速整頓行政機能，亟需適切的組織經營，為此，讓沖繩人理解並遵守法律及命令文件可謂第一要務。也因此，縣廳的官吏將普及標準語的讀寫及會話能力，當成執行政策的首要目標。

當時初代縣令鍋島直彬說：「本縣施政的當務之急，是讓沖繩的語言風俗與本州趨同，而方法無他，就是施行教育，因此我們應當儘早設置普通的小學，成立師範學校，逐步改善舊有規範，推動教育普及」，將改變沖繩的語言風俗，使之「與本州趨同」視為第一要務。[3]

日本政府後續擴大戰爭版圖，同時推動亞太地區的殖民政策，對當地居民施行日語教育，以及成為日本人的同化教育與皇民化教育，以上皆可從沖繩的歷史看出端倪。

明治政府的學校「會話傳習所」

學務課是縣廳設置的單位，重新啟用地方上原有的平等學校、村學校、筆算稽古所等學校單位[4]，並另於縣廳內開設「會話傳習所」（編註：時為一八八〇年），以教授標準語。會話傳習所設有四名大和人及三名沖繩人，一共有七名教師，並提供「便當費」作為就學鼓勵金推動招生。[5]

當時，沖繩上學的孩子們多半是曾任職於首里王府的前官員子弟。縣廳幹部為了鼓勵前官員的小孩就學，答應畢業後給他們更高階級的資格，但王府的前官員不滿掌權者從王府變為縣廳，以及語言上必須使用「標準語」，因此就學率並不高。[6]

會話傳習所的特別之處，在於其中設有「會話科」，且配發《沖繩對話》一書作為教科書。打開《沖繩對話》可以發現，內文在標準語的右側以小字標註了沖繩語的讀法，課程進行時則以讓學生將標準語翻譯為沖繩語，並默背其中內容為主。當時沖繩人將《沖繩對話》書中的標準語視為「內地語」，以當代的理解來說等同「外語」，不會在上課以外的時間使用，日常生活還是以說沖繩語為主。

研究戰前沖繩教育的近藤健一郎認為，《沖繩對話》中的標準語為了凸顯大和人優於沖繩人，「使兩者的上下階層關係更明確而使用敬語」。[7]近藤也主張，書中針對「火車」、「望遠鏡」、「電報機」等詞彙的呈現方式，「展現大和人帶來與沖繩人的生活相差甚遠的進步文明」，在推動語言同化的同時，也有意教育兩者的關係為大和人支配沖繩人，讓沖繩人理解兩者的關係是「進步的大和」對上「落後的沖繩」，並認為「大和化的本質正是體現在此」。[8]

會話傳習所在成立四個月後，重新改組為沖繩師範學校[9]，以期未來沖繩人可以成為老師，自行指導沖繩人（的孩子們）。然而，推動標準語普及需要花上不少時間，一八九四年視察沖繩的一木喜德郎（後成為貴族院議員）便於事後回想中提到：「沖繩人對熟習標準語沒什麼幹勁。」[10]

《沖繩對話》一書後來為各地創校的小學所用，課程形式也漸漸不再是翻譯標準語，而是改以談話來進行。不久後沖繩人開始積極使用標準語，小學也從一年級開始直接以標準語授課。[11]

之所以隨著時間推進，沖繩人愈來愈積極地學習標準語，有一說認為是由於徵兵制及海外移民與其他府縣的人交流日益頻繁，沖繩語因而成為被歧視的對象。當時，許多達到徵兵年齡者並沒有接受過學校教育的經驗，沖繩縣出身者入伍成為士兵之後，因為說不好標準語，在軍中遭受到許多歧視。[12]

到了一九〇〇年代初期，出現了一種精神上的體罰方式。小孩一旦說了沖繩話，就要在脖子上掛上方言牌，昭告天下他們說了「不標準」的語言。被掛牌的孩子會感到羞愧、產生罪惡感，其他孩子則會在一旁嘲笑他。方言牌被廣泛使用在各所學校中，標準語也因此在兒童之間日漸普及。

培養愛國心與忠誠心的學校

一八八一年，上杉茂憲（任期為一八八一至八三年）取代鍋島就任沖繩的第二任縣令。上杉巡訪沖繩島、宮古、八重山與久米島，與第一任鍋島相同，向政府提交「上奏書」，力倡讓民眾使用標準語，以培養愛國心及對皇國的忠誠心的重要性。[13]隔年，小學校就從上杉巡訪前的十九間快速增加到五十一間。[14]另外，雖然小學校的教師直到一八八〇年代前半段為止仍以大和人為主，到了一八九〇年代，便已改用沖繩人教師。

就在這個時期，大日本帝國憲法於一八八九年頒布。大日本帝國憲法鼓吹國家主權由天皇所有、天皇的地位神聖不可受任何人侵犯、臣民（國民）應支持天皇進行「國體護持」，並應維持天皇制。因此，頒布式的形式是由明治天皇將其制定的大日本帝國憲法，頒授給代表國民的內閣總理大臣黑田清隆。國民自此成為天皇的臣民，臣民發誓效忠天皇的定位也確立下來。

如前所述，沖繩的學校從設立之時，就是「讓沖繩的語言風俗與本州趨同」（鍋島直彬）、「培養愛國心及對皇國的忠誠心」（上杉茂憲）的場所。政府在各地方增設學校的目的，不只是要培育孩子們的知識、感性和身體素質，也是為了增加地區性的據點，創造並培育出將天皇奉為最高位者的國民。隨著學校在各地遍設，企圖讓沖繩人更近似於大和人的同化教育，以及讓國民對天皇懷抱忠誠心的皇民化教育，影響日益擴大。

另外，日本政府也從這個時期開始投注心力，推動沖繩文化的本土化與西歐化。琉球王府時代流傳的盤髮方式無論男女都遭到禁止，服裝上男性需改穿西式服裝，女性則伴隨一八九九年禁止女學生穿琉裝的縣會（現在的縣議會）決議，先是改穿日式服裝，隨後又改為西式服裝。

以愛國心「守護南方國門」

明治政府看到歐美列強佔領亞洲各地作為殖民地，選擇主動積極加入歐美的行列，即史稱的「脫亞入歐」。之後政府為了趕上走在前面的歐美列強，提倡「富國強兵」口號，又為扶植資本主義提倡「殖產興業」口號，以天皇制為主軸，步上國家主義、軍事主義的道路。

在這樣的政治背景之下，清國與法國之間又爆發戰爭（一八八四至八五年），清國軍艦航行至八重山近海，於是一八八六年時任內務大臣的山縣有朋、一八八七年時任總理大臣伊藤博文、陸軍大臣大山巖、海軍大臣西鄉從道等人陸續到訪沖繩。此外，首任文部大臣森有禮也到訪沖繩做教育巡查。[15]

山縣到訪的主要目的是進行軍事視察，但他也跟文部書記官一起視察師範學校、中學校及各地的小學校。當時山縣表示，為了培養出沖繩人「守護南方國門要地」的意識，教育上應重視培育「沖繩人的愛國心」，並須「循序漸進的誘導馴化」，在教科書設計多下一些功夫。

森有禮於一八八七年二月六日至九日到訪沖繩，巡視縣內的尋常師範學校[16]、中學校、各地小學，並視察各學校的運動會後，於那霸本願寺分所召集教育相關人員，針對女子教育發表演講。原先森並未規劃造訪沖繩，而是在九州各縣進行學務巡視期間停留鹿兒島時，因沖繩尋常師範學校的校長相良長綱上前拜託他「務必趁這次巡訪，也到沖繩縣視察學務狀況」，才促成這趟沖繩縣的學務巡視。[17]

同年十二月，沖繩縣師範學校比其他縣的學校早一步接受「御真影」的下賜（由身分高者頒贈物品給身分低者）。沖繩之所以最早接受御真影的下賜的原因，推斷可能是因為前述相良在鹿兒島與森見面時，提出了下賜御真影的請求，或是因為森及伊藤博文等人親眼看到沖繩與其他縣完全不同的文化和風俗習慣。

無論如何，軍方及政府官員都相當重視以培育「沖繩人的愛國心」為沖繩縣教育的核心支柱，並強勢推進同化及皇民化教育。

一八七三年，隨著法律第一號《徵兵令》頒布，日本本土開始施行徵兵制，時間在一八八九年大日本帝國憲法頒布的不久前。而在大約十年後，一八九八年起於沖繩島、一九〇二年則於先島群島開始施行徵兵。徵兵制施行之初，有許多人不願接受徵兵，但隨著學生自小在學校裡培養愛國心，徵兵制也因戰爭時間拉長而修改為《兵役法》，男生逐漸對從軍產生憧憬，沖繩的男生們也逐漸培養出不只要「守護南方國門」，還要守護皇國的意識。

御真影和《教育敕語》

御真影及《教育敕語》進入校園

愛國心與對天皇的忠誠之心之所以能在兒童的心中萌芽，天皇的照片「御真影」，以及以天皇說的話寫成的教育方針《教育敕語》，可說是相當重要的核心支柱。

相對於其他縣，政府更早將御真影下賜予沖繩縣尋常師範學校，如前所述，主要是希望讓沖繩縣民比其他地區更早認知到天皇的存在，以培育出對天皇懷抱忠誠之心的「臣民」。大日本帝國憲法於一八八九年十二月頒布時，政府寄發了「文部省總務局長通知」給各道府縣，允許下賜御真影，並於隔年一八九〇年頒布《教育敕語》。御真影與《教育敕語》下賜予同年創校的那霸、中頭、國頭高等小學校，並於隔年一月又跨海送至宮古、八重山高等小學校，此即皇民化教育實質上的開端。

原先政府製作御真影的目的，是為了讓官廳、軍方知道天皇是新統治體制下的最高領導者，同時作為一種外交手段使用。[18]然而，初代內務大臣大久保利通在天皇的全國六大巡幸（一八七二到八五年間）告一段落後，便接受文部大臣森有禮「盡快讓全國熟知天皇」的提議，將御真影下賜到各級學校。

一八九九年時，瀨喜田尋常小學校（位於現名護市）舉行了御真影奉迎式（恭迎儀式）[19]，不只有賓客六百七十人、學生三百多人、觀眾一千人參加，還有國頭郡長發表典禮致詞，場面盛大而莊嚴。[20]

三年後的一九〇二年十二月十八日，中頭郡八間學校舉行了御真影奉戴式（恭受儀式）。《琉球新報》於次月（一九〇三年一月三日）報導了典禮的狀況，內容寫道：「校長、管理者（間切長[21]）率領五位高年級生作為兒童代表，攜帶校旗，於上午八點在縣廳集合，奉戴校及安置校沿路奉迎，距離最近的學校在隊伍通過的路線上奉迎，居民則揮舞國旗奉迎，安置校則列隊整齊，在『君之代』演奏的同時進行安置」；「（搬動御真影時）離縣廳比較近的地方（學校）依序以白紙、白棉布、油紙、『紫佐波理』簡單包覆後以雙手奉持；距離較遠的地方（學校）則奉納於帶腳的木箱中，由郡長及校長奉護，在知事閣下及各領的奉送下自廳門出發。前方有警察保護，帶頭清空行經道路，並要求乘坐車馬者下車、戴帽者脫帽後跪拜奉迎。」[22]

另一個重要支柱《教育敕語》頒布的隔年（一八九一年），政府制定了處置御真影與《教育敕語》的「小學校祝日大祭日儀式規定」，記載包含入場時的方法（以腳尖行走等）、奉讀時的姿勢（參加者全員維持上半身四十五度角）、退場等一連串嚴格的儀式規定，儀式愈嚴格，御真影的威嚴也愈強，在大人小孩心中建立起天皇的存在頗具威嚴、望而生畏的形象。

御真影的下賜不只對於獲賜的學校，對於地方社會而言也是榮譽之事。然而，校內放置御真影一事也在管理上造成校長相當大的壓力。

《教育敕語》的完成經過

至於《教育敕語》又是如何創造出來的呢？

在《教育敕語》頒布的八個月（一八九〇年二月）前，東京舉行了地方官會議（現在的全國知事會[23]）。各與會知事於會中積極發表意見，認為國民對國家的忠誠之心還不夠成熟，其中宮城縣知事松平正直表示：「期望培養出不愧為真正日本人的人民」，德島縣知事櫻井勉則表示，其意見的「目的是培養以我國為重之心，也就是所謂的大和魂」。地方官會議針對文部大臣、內閣總理大臣、內務大臣提出「對於涵養德育的建議」，期望培養作為天皇的國民能夠當之無愧、能為國家盡心盡力的國民。[24]

山縣有朋收到此「建議」後，便命文部大臣榎本武揚「在教育上，應編寫可作德育基礎的箴言（教誨性質的短語），讓兒童經常讀誦。」榎本卸任後，轉由芳川顯正擔任文部大臣，並於一八九〇年十月三十日頒布了《教育敕語》。[25]

《教育敕語》以「朕惟（天皇認為）」起頭，先提到「孝行（孝順父母）」、「友愛（兄弟之愛）」、「夫婦之和（夫妻融洽）」、「謙遜（謙虛待人）」等家族情感，之後提「公益事務（為社會而工作）」、「遵法（遵守法律）」、「義勇（為國真心奉獻）」等為地方社會乃至國家盡心盡力之內容。後文則接續「一旦緩急，則義勇奉公，以扶翼天壤無窮之皇運（如果發生危急事態，應秉持正義之心報效國家，成為皇室命運永遠持續的助力）」；「斯道也，實我皇祖皇宗之遺訓（此道為皇室祖先遺留之教誨）」；「子孫臣民之所當遵守（子孫及臣民皆應謹守）」；「朕庶幾與爾臣民，俱拳拳服膺，咸一其德（我將與臣民一同謹記於心，由衷期望全體國民德性團結一致）」。[26]

《教育敕語》強調以國家為重，當時作為道德規範被徹底灌輸給學生，在戰爭結束七十六年的今日，仍有經歷戰爭者能夠背誦。

被神格化的御真影和《教育敕語》

一九一〇年十一月，佐敷尋常高等小學校發生火災，御真影供奉室中的御真影、《教育敕語》、戊申詔書謄本皆遭到焚毀。隔日的《琉球新報》對此寫道：「發生御真影遭焚毀之恐怖事件，情節重大前所未聞」；《沖繩每日》報導則稱之為「難以言喻之荒謬」，可見該事件在社會上遭受相當大的批評。本山萬吉校長及東恩納准訓導因此遭到免職處分。

一九三三年，第一大里尋常小學校（位於今日南城市）則發生《教育敕語》和戊申詔書遭竊的事件。[27]事件被排入縣會討論，縣學務長則對所有學校的校長下達警告性的通知，校長瀨長青甚至打算引咎切腹自殺。[28]

一九三四年，多良間島國民學校校長平良惠清因為弄髒御真影，被縣督學（學校教職員指導者）要求撰寫報告書，隨後從學校離職。[29]曾任越來國民學校（位於今沖繩市）的訓導粟國朝光表示：「各校奉戴的每一張御真影都有自己的履歷，履歷上會記錄御真影的所有破損和髒污，如右邊的角往下幾公分到幾公分處有髒污、蟲蛀的洞直徑有幾公釐等。縣視學訪視學校時，一定會對照履歷檢查御真影。」[30]只要讓御真影和《教育敕語》沾上一點污漬就會遭到懲處。

一九二二年，金武尋常高等小學校發生火災，當時正準備回家的老師們趕緊跑到久場校長的住家，人正好在校長家的宮里正照訓導則冒險強行打開奉安室，搬出御真影和《教育敕語》。宮里訓導因其榮譽行為受到知事和田潤的表揚，也因此成為村民敬愛的對象。

曾任美里小學校（位於今日沖繩市）教師的上原清真回憶：「保護御真影的任務相當重大」、「後來學校蓋了水泥製的堅固奉安殿（保管御真影的建築物），大家都安心不少。」[31]校長和地方有力人士開始研議建造水泥製的奉安殿，以安放御真影和《教育敕語》，建設資金由地方居民捐款，御真影和《教育敕語》也在地方居民心目中進一步確立其神聖的地位。

學校所教的戰爭

日俄戰爭與孩童

甲午戰爭後，沖繩的就學率開始逐漸上升，到了日俄戰爭時，就學率升高並趨於穩定。為了幫助日俄戰爭獲得勝利，由教師、學生發起的軍用資金捐款活動日益熱絡。一九〇四年日俄戰爭爆發，新聞上刊登的標題，包括「那霸各小學校職員的軍用資金捐獻」（二月十五日）、「首里各小學校的軍用資金捐獻」（二月十七日）、「美里小學校職員與學生的軍用資金捐獻」（二月二十一日）。如「首里小學生的軍用資金捐獻」（二月二十一日）撰文如下：

首里尋常小學校學生一千六百六十六人，一共捐出二十圓四十二錢五厘。全區女子尋常高等小學校學生八百三十五人，則一共捐出十一圓三十九錢，對日俄開戰展現報國精神，以捐款軍用資金的方式為之祈願。

沖繩島北部（亦稱山原或國頭，以下混用）國頭高等小學校，以目送日俄戰爭士兵出發之名，舉辦了學生的修學旅行，行程為讓小學三到四年級的一百零七名男學生送別國頭郡內七十三位「出征士兵」，在十一天的時間裡步行往返於名護和那霸之間。希望藉由讓十歲以下的孩童與「出征士兵」同行，從小培植孩子們的軍人意識。

此外，前線戰勝的消息也在各地廣為流傳。一九〇四年九月傳來日軍佔領中國遼陽的新聞，各地舉辦慶祝勝利的活動，例如在久邊尋常小學校（位於現在的名護市），便讓所有兒童齊唱「君之代」、合唱征俄軍歌，並三呼天皇陛下萬歲。同樣位於久志村的瀨嵩區，則於同年十一月舉辦新入營士兵送別會，孩童則玩遊戲並合唱軍歌。日軍攻略俄軍的旅順陣地後，《琉球新報》刊登標題為〈中學校慶祝勝利〉的報導（一九〇五年一月十一日），提到「中學校為慶祝攻陷旅順之勝利，將於明日十二日上午九時起依計畫於崇元寺和觀音寺間進行火藥演習」，「火藥演習」隨後也成為了中學校的例行公事。

每次「出兵」及「戰勝」時，各地便會舉辦激勵士氣、祝勝會及遊行活動，逐漸創造出地方上的戰鬥意志。

羽地村源河小學校出身的瀨良垣Kama（カマ）（推測當時為十歲）[32]說：

明治三十八年（一九〇五年）是我從小學畢業的一年，也是日本在日俄戰爭中獲

圖二：1937年前後，羽地村舉辦的入伍紀念。（名護市教育委員會提供）

勝，相當值得紀念的一年。為了慶祝大戰勝利，遊行隊伍來到當時被稱為「馬場」的廣場上，地點在現在的源河小學附近，當時場面熱鬧不已，小朋友們也說著贏了贏了，相當開心。

以日俄戰爭的勝利為契機，各地也舉辦悼念戰亡者的「招魂祭」，並同時為了提升「舉國一致」的團結與勝利意識，在學校以及各個郡裡頻繁舉辦運動會。之後當戰爭擴大為中日戰爭、太平洋戰爭時，運動會的競技內容也大量變更為軍隊式體操、長刀演武、騎馬競技等軍事相關的競技比賽，各地也開始舉辦祝賀凱旋教育大運動會、送別新兵的運動會。對於提升戰爭意識、培養打勝仗的情緒，運動會扮演相當重要的角色。

英靈與孩子們

出征日俄戰爭後，戰死者有八萬八千四百二十九人，加上傷病患者的犧牲人數達四十六萬二千七百八十六人，其中有二百零五人是沖繩人。[33]國家替為國戰死者舉行了前所未有的公葬，從山原羽地村（現在的名護市）上戰場的新里德清，其葬禮約有四千人參加，甚至得開放尋常小學校來應付此等規模。高學年的孩子們依老師的指示打掃墳墓周圍，並從海岸邊搬運白沙鋪在墓前。

此公葬成為日後葬禮祭祀戰亡者的參考典範。全縣光是規模略小但幾乎與新里等同的葬禮，大約在兩百個地點舉行，可知葬禮對地方上的孩子們以及許多縣民都帶來相當大的影響。戰死者並非被當成戰爭的犧牲者來祭祀，而是被當成英靈來盛讚。

村葬及祝賀活動中，經常可見孩子們的身影。當孩子們以學校（皇民化）教導的視角觀看社會，地方上的大人們因戰勝而喜悅的模樣傳達出一個訊息，也就是敵國是邪惡國家，必須由日本這個「好國家」加以討伐，而日軍的士兵則是強大且充滿勇氣的存在。在老師和父母的教育之下，孩子們路過戰死者的墓前必須向「精忠報國者」行禮致意；在老師的指導下，孩子們也開始積極參與侍奉戰死士兵家庭的工作。

小學校的變遷與國定教科書

一九〇四年日俄戰爭爆發後，尋常小學校不再使用以往教科書而改用國家統一的教科書。教科書上有著濃厚的國家主義、軍國主義色彩。開戰三年後，就學的義務從四年制改為六年制，一直持續到一九四一年三月為止。

太平洋戰爭於一九四一年四月爆發，此時尋常小學校又更名為國民學校。更名的目的根據記載為「國民學校依循皇國之道，施行初等普通教育，以達成國民的基礎鍊成為目的」，意指希望在「教育的各個方面都讓學生修鍊皇國之道」。[34]

國民學校的義務教育為初等科六年、高等科兩年，但因實施戰時非常措施而延期，孩子們修畢六年課程後，男生進入中學校，女生則進入高等女學校就讀，修畢高等科兩年者則有資格參加師範學校的入學考試。

國定教科書——忠誠之勸

滿洲國建國隔年（一九三三年），日本政府為第四期（一九三四至一九四〇年）編定的五年級國定教科書《尋常小學校修身書（第五卷）》之目錄概要如下：

目錄

第一、我的國家；第二、舉國一致；第三、重視國法；第四、公德；第五、禮儀；（第六至第十四省略）；第十五、度量；第十六、朋友；第十七、信義；第十八、誠實；第十九、謝恩；第二十、博愛；第二十一、皇后陛下；第二十二、忠君愛國；第二十三、兄弟；第二十四、父母；第二十五、孝行；第二十六、德行；第二十

七、好日本人。

最後的「第二十七、好日本人」以「我大日本帝國為萬世一系的天皇統治之國。代代天皇……」為開頭，並以「堅守這些準則，便能符合教育相關敕語的旨趣。我們一定要謹記陛下的旨趣，以真誠的心奉行這些準則，成為了不起的日本人」作結。

此外，太平洋戰爭爆發的一九四一年起使用的初等科一年級生（七歲）的國定教科書《好兒童（上）》（ヨイコドモ上）描繪了「日本軍」戰鬥的模樣：

敵軍的子彈如雨點般飛來，日本軍則強勢進攻。日之丸旗在敵方的城堡上高高飄揚。

「萬歲。萬歲。萬歲。」英勇的聲音此起彼落。

初等科二年級（八歲）使用的《好兒童（下）》（ヨイコドモ下）中的「二、鞠躬」、「十九、日本之國」內容如下：

「二、鞠躬」

這天是天長節。大家有禮貌地排好隊。典禮開始了。大家對著天皇陛下皇后陛下的照片鞠躬。唱誦了「君之代」。校長朗誦《教育敕語》。我們真心覺得非常感謝。

「十九、日本之國」

明亮開心的春天來了。
日本是春夏秋冬風景優美的國家。
是擁有美麗高山、河川、大海的國家。
我們生在一個很棒的國家。
爸爸媽媽也生在這個國家。
爺爺奶奶也生在這個國家。
日本是很棒的高潔之國，世界上唯一的神之國度。
日本是很棒的強大之國，世界上發光的偉大國度。

「二、鞠躬」中描繪慶祝天皇生日的天長節的模樣，可知孩子們被迫對天皇、皇后的御真影鞠躬行禮，表達感謝。「十九、日本之國」的內容則提到日本國內的景色四季不同相當優美、為生於這個國家感到驕傲、祖先代代生於這塊土地上，並讚美日本是一個高潔、美麗的國度，是世界上唯一的神之國度。然而內容非但沒有提到他者（其他國家），甚至可說是將其排除於文章之外，明顯透露將國家主義思想滲透進孩童心中的意圖，最後一段「日本是很棒的強大之國」、「世界上發光的偉大國度」則視日本為處於上位，其他國家則處於下位，引導孩子們建立歧視的觀念。

另外，一九四一年初等科一二年級的音樂教科書《歌之書》（うたのほんウタノホン），開頭收錄「君之代」，之後是「日之丸」、「士兵遊戲」等歌曲，養成孩子們的愛國心，同時提升戰鬥意志。[35]

透過教材，孩子們被教導應對天皇宣示忠誠，並為了國家不惜性命去戰鬥。

少國民的回憶——為了贏到最後

一九四一年前後的經驗談

如前所述，一九四一年四月尋常小學校改為國民學校後，學年制度改為初等科六年加上高等科兩年，一共八年，國民學校也成為「基礎鍊成（養成並訓練國家主義思想）」的地方，以求國民能「遵循皇國之道」，不愧為日本國臣民。孩子們身為報效天皇的小小國民，開始被稱為「少國民」。在少國民的定位之下，孩子們被視為未來的士兵，不只在學校，在日常生活中也被灌輸並養成國家主義思想。

改制為國民學校當時，當真嗣長（當時十一歲）是就讀恩納國民學校的五年級生，針對一九四一年左右的學校生活留下以下的敘述。[36]當真參與《恩納村民的沖繩戰》[37]一書的編輯工作，記憶清晰得令人驚訝，筆者也獲益良多。以下簡單介紹當真的經驗談：

初等科四年級：一九四〇年——皇紀二六〇〇年祭

一九四〇年為《日本書紀》中記載第一代天皇即位以來第二六〇〇年，全國皆舉行奉祝活動，為此不但創造了奉祝歌和遊戲項目（舞蹈），運動會上也將其納入全校的遊戲項目中。

當時，青年學校（指未進入中學、高等女學校就讀者，為接受軍事訓練而就讀的學校）的軍事操演盛行，青年學校的老師（負責教導農業的老師）也一直穿著軍裝。就在這個時期，恩納學校引進訓練用的新型輕機關槍，演練時輕機關槍發射的聲音，讓當時還是小學生的我們[38]，重新認識了新型的武器。

初等科五年級：一九四一年——參加青少年團

一九四一年的三月，沖繩縣青少年團成立，之後在縣內的各市町村、各所學校裡也相繼成立青少年團。恩納村的青少年團成立時，從村子裡的各間國民學校動員了初等科高學年學生、高等科所有學生以及青年學校學生，在恩納國民學校的操場上舉行成團儀式，同時公布了「青少年團歌」，此後每次青少年團訓練時都必須唱誦。青少年團又分為青年學校學生與國民學校學生，各自受訓。

青少年團是負責教育孩童以少國民身分無時無刻報效國家的組織。每週五下午，少年團都會進行訓練。內容為軍隊式的訓練，包括以銅管吹奏「君之代」並升國旗、點名、吹奏列隊喇叭進行閱兵分列儀式、旗語、摩斯密碼、三角巾的用法、槍的用法、竹槍訓練、木槍訓練、防火訓練等。

年輕的勞動人口被動員至戰場以及軍需工廠，農家的生產工作便落到老人和婦女身上，無法順利提高產量。地方的青年團要在早上天還沒亮時，前往有士兵出征的家庭，協助耕田及作物的植苗；另一方面，國民學校則在大清早動員初等科高學年與高等科所有學年的學生，收割堆肥原料並堆積堆肥，協助增產運動。之後因為農產品不足，兒童及學生便負責一坪的農地，種植薯類和蔬菜，協助糧食增產。

到了農忙時期，學校會停止課程，讓學生幫忙各個家庭種田、種植地瓜葉，以及照顧小孩。曾經有一次，地瓜的害蟲（白薯天蛾幼蟲）大量出現，葉子全都被蟲吃掉，只剩下莖的部分，那次全校學生都被動員去野原（地名）的地瓜田徒手抓蟲，並收集到桶子裡。

初等科五年級：一九四一年——太平洋戰爭開始

太平洋戰爭揭幕當時，我們是國民學校初等科的五年級生，級任老師在中午吃便當的時間，跟我們談到連日報導的日美談判進度。對於華盛頓展開的日美談判成功的可能性，孩子們也相當關心。

到了戰爭伊始，日軍佔領南方地區各島後，大家開始在牆上張貼的世界地圖上貼「日之丸標誌」，慶祝我軍勝利。一九四一年十二月八日以後，每月的八日設為「大詔奉戴日」，以鄰組為單位，大人小孩都要早起，聚集到附近的廣場，進行宮城遙拜，唱「海行兮」祈求戰爭勝利。

太平洋戰爭開戰之初，有九位日本士兵戰死。從那之後，便有人作詞、作曲寫歌讚頌「九軍神」，並以此為題創作表演節目，讓大家在學藝會[39]上表演唱跳。從那時候起，初等科低年級的小朋友便傳唱下面這首歌：

今天也能跟哥哥／肩並肩去上學／都是軍人的功勞／為了國家／為了國家打仗的軍人的功勞／軍人感謝您／軍人感謝您

學校會在每年的五月二十七日「海軍紀念日」舉辦遠足。日俄戰爭中，日軍在那一天迎擊俄軍的艦隊並擊滅對方，因此特別訂為日本海軍的紀念日。

此外，戰爭進行中不適合使用的敵方用語也遭到禁止，並改為日語。同一年音階名稱從「DoReMiFaSoRaSiDo」改為「HaNiHoHeToIRoHa（ハニホヘトイロハ）[40]」，學校的音樂教科書也跟著修改。運動用語也有所變更，棒球的「好球（Strike）」改為「好啊（よし）」或「本球」，「壞球（Ball）」則改為「馱目」或「外球」。

高等科一年級：一九四三年——學校的狀況

國民學校高等科一年級時，村裡各國民學校的學生代表及青年學校的代表集合到恩納國民學校，舉辦「青年的主張」及「學生談話大會」。我記得我當時代表恩納校，說了「源義經英勇事蹟」的故事；另一方面，青年學校的代表則代表山田校區，述說了前兼久（區）的平安名盛助在瓜達康納爾島戰役[41]中戰死的故事，並以殉職後特例晉升兩軍等的大桝上尉比擬，將題目訂為「承繼大桝上尉」，發表了自己的主張。大會的主要目的是要提升年輕人的時局意識、戰鬥意志和士氣。

另外，我記得是在一九四三年，當時恩納國民學校建起全新的紅磚砌道場，還聞得到杉木的香氣，新的建築物被稱為「修養道場」，作為女學生的和服裁縫課、男學生的試膽大會，以及青年學校學生研習的道場使用。但日軍駐紮沖繩之後，道場改用作遠藤曹長（軍士長）及其率領的幾位先遣隊的宿舍，孩子和學生們便無法再使用。

此時高等科男生的課程中，每天都要朗讀神敕：「豐葦原千五百秋瑞穗國……」，之後才開始上課。另一方面，女生班則合唱「我等日本國民，富有生存價值，生於天地繁榮時代」後才能下課。午餐時間一到，大家要先合唱「拿起筷子，品嚐天地及天皇治世之恩，以及祖先父母之恩」，之後開始吃只裝有薯類的便當。針對初等科低年級學生，則培養先唸誦「謝謝軍人，我開動了」後才開始吃飯的習慣。

體育時間男學生分成敵我方，活動項目包含模擬戰爭、大和相撲、旗語、以木刀進行的劍道基礎訓練，以及以木槍進行的刺槍術基礎訓練等，此外還會練習摩斯密碼，以及如何將包袱巾當成三角巾幫傷口止血，做受傷時的緊急處置。女生會學習三角巾的用法，並在體育課時間練習長刀。每天早上朝會的時間，全校學生會在運動場上依照各班級順序排列，跟著留聲機的歌曲跳廣播體操，但原先的廣播體操被改成了「國民體操」，曲目也有所變更。

一九四三年二月起，為預演敵方登陸時的狀況，開始進行以竹槍刺倒敵人的訓練。一般竹槍是以竹子削製而成，但沒有適合的竹子時，會以細長堅硬的木頭切成一點八公尺左右，把頭部削尖後塗上豬油，放在火上烘烤使之硬化。訓練場為各個地區的廣場，由進駐的巡查及警消人員負責指導，恩納地區是在名為「御殿之崎」的廣場上進行。學生們混入婦人會及警消團員當中接受訓練。訓練方式是遵照「前、前、後、後、前、前、刺」的口令，以稻草人模擬敵人進行突刺。

大約在同一時間，為模擬空襲發生造成家中房子失火的狀況，大家也開始進行防火訓練。一旦警消團員發布「燒夷彈落下」的訊號，大家就要趕往落下現場。訓練定期舉辦，孩童、學生都參與其中。另外，校內運動場周圍也設置多個防空洞。緊急情況發生時，要以班級為單位跑進防空洞後蹲低身體，並用食指堵住耳朵，避免暴風傷及耳朵的鼓膜。為了讓大家能在暴風和飛彈中保護自己，當時也鼓勵大家使用防空頭巾，女生們會隨身攜帶。

同樣在一九四三年左右，學校教室裡貼了徵集「海軍特別年少兵」的海報，勾起男學生志願報名的意願。海軍提供從國民學校高等科的乙種預科練習生成為飛行員的機會，成了當時少年們嚮往的目標。另一方面，也有陸軍少年兵的徵集，包括陸軍少年飛行兵、少年戰車兵、少年通訊兵、少年野砲兵等職位，印象中恩納國民學校並沒有人報名。

高等科二年級：一九四四至四五年——課程中斷

高等科二年級的第一學期，勉強還能上到一些像樣的課程，但也僅限於上午時段，下午則要去出征士兵的家庭進行奉仕工作。初等科四年級以上到高等科二年級的學生，被分配到各字各班的出征士兵家中，幫忙挖掘薯類、砍柴、取水、為牛馬山羊除草，以及種田工作，被稱為「家業援助」。家業援助每週在固定日子的下午進行，地方的青年團也會早起幫忙耕田。

山部隊（第二十四師團）進駐到村子裡之後，恩納國民學校的教室也被軍方接收用作宿舍，在第二學期以後，高等科學生的課程便中斷了。去學校也沒課可上，每天主要參與軍方的奉仕工作。工作之餘每週五下午還有少年團的訓練，初等科四年級以上到高等科二年級的所有學生都強迫參加。訓練全是軍事化的內容，包括以各班為單位整隊、點名、報告參與人員、齊唱青少年團歌、以銅管吹奏「君之代」並升起國旗、聽校長訓話（時局報告），並接著分列行進。

早晚的升降國旗儀式，由高等科二年級學生中選出兩位男生，以銅管吹奏「君之代」來進行。

進駐恩納國民學校的山部隊會從恩納岳砍樹，用於製造南部島尻（指整個南部地區）陣地防空洞所需的坑內木材。製作過程中，也動員了國民學校的學生協助刨去松樹原木外皮的工作。刨去堅硬的樹皮必須使用砍柴刀及鐮刀，工作內容相當困難。

緊急狀況時大家會集體到校。進入校門後，班長發號施令「腳步對齊」，列隊走到職員室前，解散後才回到各自的教室，同樣以軍事化的方式進行，應該也是少國民教育的一環。某一天，我們二班的學生集體上學途中即將抵達學校。就在那時候，東邊的天空突然出現異常的金屬聲響，一大群黑色飛機四架一隊飛向讀谷飛機場方向。不久後，我們便看到讀谷方向的上空出現從地面發射高射砲產生的炸裂和爆炸雲，得知發生空襲（十十空襲[42]）後，我們沒有去學校，直接各自回家，還搬著行李到先前指定的山裡避難。當天一整天都在山中避難。

空襲當天夜裡，中南部來的避難居民沿著恩納村的縣道，徹夜往北部前進。之後從城市地區疏散而來的人便開始借住在村裡的房子，學校裡也開始有城市地區來的孩子同席上課。從這時候起，山裡蓋起了給疏散者居住的避難小屋，稱為「疏散住宅」，我們四年級以上的學生開始參與割茅草的工作，疏散過來的學童也被迫參與工作，有些學童還因為不適應工作內容哭了起來，我們只能一邊鼓勵他們，一邊把茅草運到工地現場。

十十空襲以後，美國的軍機頻繁入侵。偶爾會有日本兵的遺體漂來，由役場（公所）職員及警消人員在附近的海灘進行埋葬，埋葬時，國民學校高等科二年級學生也會以學生代表的身分參加葬禮。埋葬地點在太田的Ginan海灘（ギナン浜），以及宜志富島（淺灘上的無人島，離沖繩島約一百公尺）的海灘。

日軍來到恩納村後下達指示命令，要求我們上繳下列可作為糧食的物品：

苦櫧樹果：「撿苦櫧樹果」活動，透過學校要求每個學生要撿到一定的數量。要是沒有撿到一定數量，學校就不讓我們通過。我曾經再次上山，在昏暗的山中用手邊摸邊撿。

山菊的莖：採集山菊的莖煮過乾燥後上繳，也是學生們的日常。

松樹樹脂：學校放學後去野外山中採集，松樹樹脂由學校統一收集後，被運送到其他不知道的地方。

蓖麻：我們要種植蓖麻並上繳種子。學校要每個學生在各自的家中種植，每月向學校繳交指定數量的種子。蓖麻籽可以榨油，據說是作為飛機的潤滑油使用。

水雲藻：軍方以鹽醃製並保存在木桶裡。對此學生也有固定配額，必須採集海中自然生長的水雲藻，在陽光下曬乾後上繳。

某一天，學校針對高等科的男女學生進行適性測驗。檢查項目包括視力檢查、把臉沉入臉盆裡看能夠憋氣幾秒，坐在旋轉椅上轉圈後看站起來能不能穩住、聽力檢查、持槍瞄準目標的正確度等，應是為了調查學生爾後是否有足夠的適應能力成為少年士兵。

我記得一九四五年一月的某一天，軍隊和學校合辦運動會。運動會被稱為「練成會」，對平日都在工作的士兵們來說，這是唯一開心的一天。隔天上學時，教室空空如也，部隊已經往島尻移動了，突然從恩納學校消失，對孩子們而言毫無預兆。

當時還招募了農兵隊。農兵隊就是糧食增產隊，除了軍事化的訓練外，還要進行農耕、開墾、幫忙農家等工作以協助增產糧食。第三次招募時，跟我同年級的學生符合招募條件，恩納國民學校共有六個人被徵召，還來不及參加畢業典禮，就在一九四五年一月十六日入伍。

為了增產糧食，我們渡海到宜志富島進行開墾。二月是沖繩最冷的季節，一九四五年二月，我們高等科一、二年級的男學生，脫掉衣服後纏在頭上，並且扛著鋤頭，拿著裝有薯類的便當，在寒冬中把一半的身體浸泡在海裡渡海上島。因為天氣實在太冷，身體都凍僵了，握著鋤頭的手凍僵後根本使不上力。為了耐住寒冷，我們試著玩騎馬打仗，但沒有什麼用。加上冷掉的薯類便當，更讓寒冷的感覺從肚子的深處傳遍全身。

開墾宜志富島後，我們接著將運動場改為野菜農園進行耕種。學生們親自在恩納校開校以來兒童、學生們上體育課的運動場上，一鋤一鋤耕起了田。鮮綠草坪覆蓋的運動場逐漸變成了普通的農地。然而，我們還來不及種植農作物，沖繩戰就開打了。

到了這個時候，中南部來的疏散者每天都往北部移動，為了方便疏散者移動，我們開始協助搬運行李，分成幾個小組輪班進行搬運。山田校（位於恩納村南側）的學生搬到恩納校（位於恩納村中央）來，恩納校的學生則要搬到安富祖校（位於恩納村北側）。

一九四五年三月二十三日是恩納國民學校畢業的日子。早上先將要疏散的人的行李搬到安富祖校，下午開始進行畢業典禮。我們恩納的學生在早上八點左右，為了接手山田校搬過來的行李在恩納郵局前等待。這時候空襲警報響起，我們被警消團員強制解散並停止搬運行李，各自回家。不久後，十幾架敵軍軍機飛來，恩納第一次遭到空襲洗禮。我們遵照警消團員的號令，去著火的房子協助滅火，但完全來不及，伴隨第二波、第三波攻擊，恩納村的房子都被因為美軍的無差別攻擊燒毀。最後畢業典禮也停辦，我們沒有拿到畢業證書，成為「虛幻的畢業生」。

從當真嗣長的體驗可以看出，隨著沖繩戰愈來愈接近，每天的生活也被迫慌張地著手準備戰爭。孩子們根據大人們的教誨，沒有懷疑的餘地，為了國家、為了能夠打勝仗，無論學習、玩耍、吃飯都含辛茹苦地度過，沒有時間好好睡覺，每天都拚命參與行動，體現當時所謂「打贏為止，無欲無求」的宣傳標語。

指導要領《決戰教育之經營》與孩子們

沖繩縣發出指導要領《決戰教育之經營》，作為一九四四年度的教育指針。目次包含：（一）決戰教育之經營、（二）戰爭期間的學校活動與目標、（三）有關教育用品學校管理及藝能科作法之留意點、（四）戰時訓練體育訓練實踐要點與目標、（五）決戰糧食增產指導要點、（六）糧食增產學生勞動動員計畫表、（七）青少年團指導要點。內容與前述當真嗣長的經驗多所重疊，任職於國民學校、中學校及高等女學校的教師，都以此《決戰教育之經營》為基礎指導孩子們。以下介紹其目標及項目概要（底線、標點由筆者所加）：

（一）決戰教育之經營

確立皇國必勝的思想態度、增強國防訓練及戰力、增強生產的辦法、強化後勤運動（以下省略）。

（二）戰爭期間的學校活動與目標

透過實踐急速強化戰力並發揮到最高水準。

1. 確立思想態度以提高戰鬥意志。

2. 強化國防能力以增強參戰人員。

3. 確立生產體系以達成生活穩定。

4. 強化後勤活動以貫徹玉碎精神。

（三）（省略）

（四）戰時訓練體育訓練實踐要點與目標

期望將「體鍊科」[43]指導切換為戰時所需內容，並就重點貫徹其內容，培養增強戰力的基礎。

（五）決戰糧食增產指導要點

擬定計畫增產甘藷、推進肥料增產、貫徹鼓勵間作、貫徹本於耕種基準的栽培方法、高度利用耕地。

（六）（省略）

（七）青少年團指導要點

為即時因應悲慘嚴苛的最新戰局，整備並擴充各級青少年團的組織，以便徹底實踐本於青少年團經營要點之各種工作及訓練設施等，同時（中略）讓團員決戰期間的全部生活能夠挺身成就必勝戰力之增強，將重點擺在以下事項以推動青年團之經營。

若與當真嗣長的經驗相對照，除了他在年代上有一些記錯的地方，可知教師幾乎都是以此《決戰教育之經營》指導要領為本，對學生來落實教育。國家如此將十四歲以下本應保護的孩子們，教育為堅守後勤的士兵。

一切都是為了戰爭。

第二章

成為士兵的少年少女們

沖縄戦の子どもたち

上戰場的過程

被送上戰場的少年少女們

在沖繩，就讀於師範學校、中學校、高等女學校、專門學校等共二十一所學校的十幾歲少年少女，以「學徒隊」（戰後賦予的稱呼）的名義受到徵召，踏上了戰場。人數包含教師共為二千零一十六人，其中戰死者多達一半以上，有一千零一十七人。如果計入以「士兵」而非學徒隊身分上戰場，以及未被徵召卻在與家人一同逃難的過程中喪命者，則死亡人數高達二千零四十九人。

在學徒隊之外，北部（山原地區）則有就讀青年學校的少年約一千人以游擊部隊（護鄉隊）的名義受到徵召，其中有一百六十名隊員（包含成年者）喪命。

上述並非事情的全貌。沖繩戰中未以學徒隊、護鄉隊身分受徵召的十多歲男生當中，有人以防衛隊的名義受到動員，女生當中則有人成為助理護士或炊事班的伙食人員。離島則為了備戰美軍登陸，孩子們年紀很小就加入義勇隊、挺身隊，強迫接受訓練。

接下來我們將探究少年少女們究竟是如何受到徵召，以及他們的經歷迎來怎樣的結局。

賦予所有男性士兵身分

《徵兵令》於一八八九年作為法律第一號修訂後公布，並於一九二七年廢止，之後改施行《兵役法》。隨著適用法條改變，原先免受徵兵的縣廳員工、官公立學校學生等也被納入徵召對象，自此十七到四十歲的男性（一九四三年改為四十五歲）都必須服兵役。實際上，年滿二十歲者才有義務接受入伍前的徵兵檢查，十七歲以上者則是在志願之後接受徵兵檢查。

徵兵檢查區分為甲乙丙丁戊五種等級，上位的甲乙丙種為合格，一開始只從甲種合格者當中選出健康且體格良好者進行徵召。[1]另外合格標準當中最低的丙種，被判斷為體格及健康狀況極端不佳，過往實際上並不會被徵召，但隨著戰況惡化也逐漸被納入徵召之列。

入伍者稱作現役兵，必須在軍中服役兩年（最一開始陸軍為三年），現役兵階段結束後則成為預備役、後備役兵回到故鄉，有義務服役約十五年（直到三十六歲為止），地方上的在鄉軍人會就是由這些人所組成。那之後到四十五歲為止，這些人的定位變更為第一國民兵役，所有男性從青年到中年時期都無法逃脫兵役的束縛。

另一方面，未能成為現役兵的人，則需服第一、第二補充兵役（之後統合為補充兵役）或是第二國民兵役，實際上離接受徵召非常遙遠，但也有人在沖繩發生地面戰期間受到徵召。

《兵役法》改訂

一九三一年發生滿洲事變（九一八事變）、一九三七年爆發中日戰爭後，日軍急需大量的士兵。一九三九年，對師範學校畢業生賦予的短期現役兵制度（任期五個月）遭到廢除，一九四一年太平洋戰爭爆發後，大學及高等學校、專門學校來不及等到年度的最後，便提前舉辦了畢業典禮（四一年提前三個月、四二年則提前了六個月）。

之後日本政府、大本營在中途島海戰（一九四二年）、瓜達康納爾島戰役（一九四二到四三年）中節節敗退，為了進一步確保兵源，於一九四三年將中學校的修業年限從五年制更改為四年制。然而沖繩開戰時，制度還在變更當中，因此沖繩當時也有五年級的在籍生。[2]全國適用的「學徒出陣令」也在同一年發布，沖繩有一些中學四年級生志願後於在學期間入伍。[3]此外，日本也開始對統治下的朝鮮人（一九四三年）和台灣人（一九四四年）實施強制徵兵。

一九四四年三月，日軍第三十二軍於沖繩創立。到了這一年，《兵役法》一步步修改，將全國規模的徵兵檢查從二十歲下降到十九歲，當年的徵兵檢查分為二十歲與十九歲，徵召兩批現役兵。然而，《兵役法》修改並未就此停止，繼續對原先只能志願的十七歲與十八歲賦予軍籍，同時賦予徵兵檢查的義務。

《沖繩縣史各論篇六：沖繩戰》的編輯部成員林博史提到：「一九四四年三月《兵役法施行令》修正（敕令第一七六號）後，十七歲和十八歲者可編入軍籍，六月時對沖繩縣及東京都八丈、小笠原、北海道根室支廳、台灣、南洋群島、南方佔領地等地優先實施。這個程序讓十七歲以上者都可受徵召。十月陸軍省令第四十六號依此修正『陸軍防衛徵召規則』，在十一月時讓十七歲以上至四十五歲者皆可接受防衛徵召。」[4]《兵役法》修正最一開始僅適用於部分地區，於十月時則擴大於日本全境施行。

一九四四年十二月十二日，防衛徵召規則修正，則限定於沖繩縣等區域，將十四歲以上，原先定位為第二國民兵役者（十月二十日修改陸軍特別志願兵令施行規則），改為只要志願即成為受徵召的對象。在那之後，徵召十四歲的志願者於隔年的一九四五年三月起適用於全國[5]，為第三十二軍潰敗後的日本本土決戰打下「國民皆兵」的備戰基礎。

就讀北部（山原）國民學校的少年們，於一九四四年十月二十三日受徵召進入游擊部隊，也就是所謂的「護鄉隊」，比施行令早一週左右受到徵召。護鄉隊的第一次徵召對象為滿十七至十八歲的少年，但實際上也有很多十六歲者，到了第二次及第三次，年齡進一步下修到原先只有志願才能參軍的十五歲。然而，受徵召的少年卻表示他們「不記得自己曾經志願」，這一點將在後面詳述。

太平洋戰爭前後的少年少女

一九三七年中日戰爭開戰後，日本政府、大本營不只增加了士兵人數，更往建立全體國民參與的戰爭態勢方向邁進。一九三八年施行了《國家總動員法》，並以此為法源依據，於隔年（一九三九年）七月施行《國民徵用令》，確保軍事工廠等所需的勞動力。中學校則導入軍事訓練作為課程的一部分。一九三九年的第十次明治神宮體育大會時，沖繩縣立第三中學校在荷槍跨越圍牆的「跨越障礙」比賽中獲得優勝，第二中學校則在從遠處投擲模擬手榴彈進行突襲的「手榴彈投擲突襲」競賽中得到準優勝，凱旋而歸。

到了太平洋戰爭爆發的一九四一年，中學校與高等女學校還改變了制服樣式。中學校的制服改為卡其色的國防服（師範男子部於一九三九年開始），制服帽也改為戰鬥帽。高等女學校也全國統一將水手服領改為新月領，隨著戰況惡化更將裙裝改為山袴褲（Monpe，モンペ）。

一九四三年六月，內閣議會通過「學徒戰時動員體制確立要綱」，向各學校公告學生應該扮演的角色，包含：「一、確立事態發生時即時反應的態勢」、「二、強化勞動動員」，學生們被定位為「積極協助增產糧食、建設國防設施、生產緊急物資、增強輸送力等（以下省略）」的人員。隔年，第三十二軍於沖繩創設，「強化勞動動員」一項也跟著浮上檯面。

第三十二軍的創設與少年少女

一九四四年三月，第三十二軍創設後，勞動動員的天數不斷增加，縣立第一中學校一年有三分之一到三分之二的時間，每隔一天或整個星期的一半以上，都被動員做勞動工作。[6]

一九四四年六月到九月間，日本軍陸續抵達，並被配置到沖繩各地，軍方也是從這時候開始接收各學校的校舍。學生們被強迫參加各地飛機場及陣地的建造工作，例如，師範學校男子部的學生們被動員至小祿飛機場、中飛機場（屋良飛機場）、首里的陣地、天久高射砲陣地、武部隊的戰鬥指揮所、繁多川的彈藥保存用防空洞等，而首里高等女學校、昭和女學校的學生則被強迫參與第六十二師團野戰醫院防空洞，也就是學生們後來充當護士工作的醫院防空洞（通稱Nagera洞窟〔ナゲーラ壕〕）的挖掘工事，並於十十空襲後，與朝鮮人軍伕一起負責搬運那霸軍港埠頭的糧食及軍用物資。同年十二月，學生又被動員參與首里城地底下第三十二軍司令部壕的貫通工程，同時挖掘自身避難用的防空洞（名為「留魂壕」）。

第一中學校的學生被送到與那原海上特攻基地、大里城遺址砲兵陣地、北飛機場（讀谷飛機場），二中的學生則被送到小祿飛機場、Gajanbira（ガジャンビラ）高射砲陣地，還曾連續留宿數天，以協助北飛機場的建造工作。位於北部名護的三中的學生則被動員在整個北部地區協助建造陣地、散兵防空洞及糧秣搬運，也曾被動員到當時號稱東洋第一的伊江島飛機場留宿以協助興建。三中的山內敏男（當時十五歲）曾被動員至本部港灣，他提到自己曾「在本部港監督過朝鮮軍伕。工作內容是拿著棍棒監督工作中的朝鮮軍伕。」[7]

高等女學校的女學生們沒有上課，而是每天參與糧食增產及陣地建造的工作，十十空襲後，只要一有時間，校內的軍醫及衛生兵便開始進行護理教育。[8]第二高等女學校的女學生在空襲前曾與男生一同前往位於垣花的Gajanbira高射砲陣地，十十空襲校舍燒毀後，學校便暫時停課，離島及偏遠地區學生回家，協助建造離家最近的陣地。另一方面，留在學校的學生則在開學後，再次參與陣地建造以及護理訓練。[9]

十十空襲時，本部港、運天港及名護灣遭受攻擊，造成軍艦「鷹島」沉沒，名護第三高等女學校的女學生們則被動員參與受傷士兵的照護。三高女的校舍在一九四四年八月已被接收，宿舍也成為沖繩陸軍醫院名護分院的軍醫及衛生兵的宿舍，受傷士兵被大量運往宿舍安置。當時所有四年級學生（十六至十八歲）被集合起來，負責護理工作。宿舍玄關成為手術室，房間則作病房使用。四年級的大城信子提到，卡車載來的「重症傷患以擔架搬運，可以走路的傷患則由人架著肩膀依序攙扶」，具志堅信子、上原米子及大嶺弘子（當時四年級）則回想：「每個房間都塞滿傷患，幾乎沒有走路的空間」、「有的人手腳斷掉，有的人被擊中頭部大聲哭喊」、「有人在沒有麻醉藥的狀態下進行截肢手術」、「情況比地獄的畫面還要慘」。[10]大量的傷兵進不了宿舍（病房），連運動場上都設置了病床。

宮古島、石垣島與沖繩島一樣，動員中學生、高等女學生協助建造飛機場和陣地，國民學校的孩子們也被迫參加。宮古中學校是在一九四三年八月左右，八重山的農林中學校則是在一九四四年一月左右，動員學生建造飛機場和各個陣地，宮古高等女學校學生則被動員建造海軍的飛機場。[11]到了一九四四年三月第三十二軍創設後，宮古島約有三萬名、石垣島則有一萬一千名日本兵進駐，中學校、各國民學校，以及較大的房屋、住宅都被接收。之後，少年少女和孩子們在宮古島被動員建造西飛機場和中飛機場，在石垣島則建造平喜名飛機場、掩體並挖掘單人防空洞。到了美軍登陸沖繩島前後，兩個島的孩子都得在美英兩軍的空襲之中尋找空檔，進行飛機場的建造。

鐵血勤皇隊的編制

學徒戰場動員的決議

一九四四年十二月，第三十二軍參謀三宅忠雄與沖繩縣中等學校教育行政負責人真榮田義見地方事務官，針對「沖繩學徒的戰場動員」討論了數次。內容主旨包括：（一）「為敵軍登陸沖繩做準備、對中學低學年學生進行通訊訓練、對女學校高學年學生實施護理訓練」；（二）「此處所述之學徒通訊隊、護理隊的動員，將在沖繩成為戰場、動員所有縣民時進行，此時學徒身分將視為軍人或軍屬。」[12]

隔年的一九四五年三月三日（亦可能為二月下旬），第三十二軍司令官、沖繩縣知事、沖繩聯隊區司令官三方交換了「有關鐵血勤皇隊編組及活用之備忘錄」。[13]備忘錄的方針寫道：「中學校以上學校學徒以學校為單位編成鐵血勤皇隊，在與軍方密切聯繫之下施行軍事訓練，於發生非常事態時直接編入軍隊組織參加戰鬥。」其要領及編組概要如下：

要領

（一）鐵血勤皇隊的編組由沖繩縣知事接受沖繩聯隊區司令官的援助進行。由知事考量學校訓練的優點，準備實施鐵血勤皇隊的防衛徵召。編組完成時間設為三月八日十二時〇〇分。可能因相關機構的狀況而有些許延遲。

（二）（略）

（三）發生非常事態時，遵照球防衛徵召第一三五號「球部隊防衛徵召規則」及附錄「鐵血勤皇隊防衛徵召要領」，依軍方命令對鐵血勤皇隊進行防衛徵召。鐵血勤皇隊將以軍方部隊身分配屬進行戰鬥或其他任務。

編組

（一）由校長指揮鐵血勤皇隊，但防衛徵召命令發布後，可由學校配屬將校從記載於軍將校名冊中的學校教職員中指定隊員，由所有受指名的教職員和十四歲以上的所有學徒（受通訊訓練者除外）編成鐵血勤皇隊。

（二）以各學校的學年（班級）為基礎編組鐵血勤皇隊。學校根據其人數，編成大隊、中隊、小隊、分隊。

（三）沖繩縣知事在編組鐵血勤皇隊時，知事（中略）將各隊的編制表及人員名冊的副本，立刻上交給第三十二軍司令官及沖繩聯隊區司令官。

備忘錄中還記載了其他與學校共同達成的決議。內容有：學校應重視軍事訓練，提前培養對沖繩戰的心理準備及戰鬥意志；「強化身為士兵的精神鍊成。學生須與身為隊內核心的部隊長一起，強化不滅的忠誠與完成任務的堅定決心」；此外還與學校約定，校方必須「負責所有宿舍和配給，並在防衛徵召命令下達後，改由軍方負責」後交出校舍，將糧食交給士兵。於是，在下達徵召命令後，學生便被交給了軍方。[14]

校長及沖繩縣知事島田叡、第三十二軍司令官牛島滿中將、沖繩聯隊區司令官等皆密切參與了學徒隊的編組工作。

志願手續

如前所述，一九四四年十二月十二日起，十四歲以上可志願從軍。當時，中學校的報考資格為國民學校六年畢業者（十二歲以上），許多中學一年級學生因為未達規定年齡被送回家中，但一年級學生中仍有滿十四歲者被視為符合志願條件。

志願者必須得到家長及校長等人蓋章，因此被允許在徵召前暫時回家，當時有人受到父親的勉勵「好好奉公後回來」（一中學生與座章健，當時四年級），但也有人是「被學校叫去集合，以為是去參加畢業典禮，結果就被編入鐵血勤皇隊」（三中學生東江平之，當時一年級十四歲）。戰後成為戰爭孤兒的一中學生城間期一（當時四年級）表示，當時他把弟弟的徵召令狀拿給母親看，結果被母親斥責：「爸爸被抓進防衛隊，你也要加入鐵血勤皇隊，現在連弟弟也要帶走！你有想過這樣年幼的弟妹該怎麼辦嗎？」[15]此外，針對老家距離較遠而無法回家的人、遭父母反對不願意蓋章的人，也有學校要求印章店刻家長的印章之後蓋章。[16]

戰後，沖繩於一九五二年因《舊金山和約》跟日本分離以後，厚生省為了讓沖繩也能適用《戰傷病者戰歿者遺族等援護法》（《援護法》），針對沖繩戰的實際情況展開調查。針對學徒隊，當時厚生省表示：「對於以士兵身分接受動員的未滿十七歲學徒，『考量舊《兵役法》，要將其視為軍人相當困難』」，但「基於事實決定以軍人處理。」[17]可知此志願手續從厚生省的角度來看，也是違法的。

有關女子學徒隊，林博史指出，「針對女子學徒的動員或女性勞動的動員有許多政令及行政決定，學徒的勞動動員或可說是有相當程度的根據，但徵集軍方護士（或助理護士）是於法無據的」，並表示「可以判斷軍方及縣政府是階段性地一點一點推進戰場動員」。[18]

接下來我們會從目前累積的資料來看學徒隊的編組情況。

鐵血勤皇隊、通訊隊的編組

一九四五年三月二十三日，美軍開始發動空襲、船砲射擊。師範男子部、各中學校則於三月二十三日至三十一日間，編成鐵血勤皇隊及通訊隊。

以下說明參考前沖繩縣知事大田昌秀編寫的《沖繩・鐵血勤皇隊》、姬百合和平祈念資料館編的《沖繩戰的全學徒（改訂版）》（本節僅註記上述兩本書以外的參考資料）。

大田昌秀於一九二五年生於久米島，沖繩戰期間作為沖繩師範鐵血勤皇隊的一員，被配屬至第三十二軍司令部。戰後大田擔任琉球大學教授，於一九九〇年就任沖繩縣知事，在任內著手建立「和平之礎」、新沖繩縣立和平祈念資料館、沖繩縣公文書館。此外，他也以一九九五年美軍強暴少女事件為契機，向政府訴求應盤整縮小沖繩的美軍基地，以及修改《日美地位協定》，以沖繩戰親歷者的身分實踐和平政策，於二〇一七年去世後仍為縣民所追慕。

一九四五年三月二十二日（或二十三日），駒場少校從第三十二軍司令部來到沖繩縣立師範學校男子部，並訓示道：「沖繩師範學校職員學生奉第三十二軍司令官之命，自本日起全員由軍方徵召加入鐵血勤皇隊，必將抱持決心協助軍方擊滅惡敵，讓陛下龍心安定（讓陛下放心）。防衛家鄉的使命掌握在各位學生手中，應不惜性命承擔任務，有所覺

圖三：展露笑容的一中生，在畢業兩年後發生了沖繩戰。（55同期會事務所編《幻之相簿：沖繩縣第一中學校1943年畢業生》，1997年）

悟。」[19]師範學校學生於三月三十一日，在第三十二軍司令部防空洞附近挖掘的「留魂壕」集合，編組成「鐵血勤皇隊」。

在三月二十五日，縣立第一中學校從第三十二軍透過沖繩聯隊地區司令部下令動員學徒後，便由配屬至一中的將校篠原保司中尉連同書記和三名學生連夜製作徵召令，派發給在家中等待的一中學生。當時參與其中的仲地清雄（當時五年級）表示，自己與住在學生宿舍「養秀寮」的學生一起「前往浦添、西原、宜野灣一帶發送令狀」、「三月二十七日列席參加畢業典禮的人，當場正式確定受軍方命令徵召」、「三月二十九日上午八點左右，在首里養秀寮舉行了球九七〇〇部隊的入隊儀式，各自向長官申告自己被任命為二等兵。」[20]

第二中學校則因為十十空襲，有部分校舍被燒毀。校長山城篤男回憶自己在倖存的校舍上課時，將校來到學校裡命令學生們入伍，內容如下：[21]

我在剛燒毀的學校裡上課時，有一天當地的軍隊（推測為武部隊）突然有兩位將校來訪，並帶來一些計畫書，傳喚我和配署將校高山八千代中尉，說明編組通訊隊的事，並命令從一、二、三年級的少年學徒當中，選出約一百二十人入伍。身為校長，我被迫要絕對服從軍命。配屬將校與我協商後很快便決定人選。軍方提出的選擇條件包括：一、學科能力優秀；二、誠實並能夠守密；三、活動力強等三項，並於隔天針對學生們進行測驗，決定入伍人選。被指定的少年共有一百多位，都是臉頰紅潤的美少年，年齡大約十四、十五歲。不論個人意願為何，直接確定入伍。（部分標點符號由筆者標註）

第二中鐵血勤皇隊在暫居金武國民學校期間，計劃編入北部的宇土部隊，在三月二十日左右讓大約一百五十名學生暫時返家，以取得家長在承認書上蓋章。之後配署將校高山中尉判斷武器及糧食不足，下達了解散命令，並率領剩餘的十五位學生加入八重岳的宇土部隊。

第三中學校學生則在徵召前被集合到運動場上，由配署將校谷口博中尉下達命令，各自回家請家長蓋章許可入伍。當時三年級的山內敏男（當時十五歲）回憶：「隔天的朝會上，谷口說『志願的人站到前面來』，但七百名學生只有大約五、六十人站出去，將校氣得火冒三丈，硬鋁製的輕佩劍都折彎了，看得出站在一旁的校長身體都在發抖。我旁邊的老師對我說：『山內啊，將校在生氣了。』我說家人叫我不要志願。老師則回答：『現在不是那種時候。』（中略）最後所有人都被強迫志願了。」[22]

縣立水產學校的瀨底正賢（當時十六歲、二年級）表示：「三月二十八日，下士官為了領走學徒，從球一六一六部隊通訊隊來到學校，讓學生們放假一兩天，以便返家取得父母的同意。返鄉前學生們還被命令，一定要在四月一日以前到首里的球一六一六部隊司令部集合，要是不返校會被憲兵抓走。」[23]開南中學校同樣被允許在徵召前返家與家人見面，但學生也被警告「如果不歸隊會遭到憲兵搜查。」[24]學生們被迫入伍，甚至可說是受到威脅才被強迫「志願」從軍。

實施護理訓練

前面提到，一九四四年十二月，第三十二軍三宅忠雄參謀與沖繩縣中等學校教育行政負責人真榮田義見地方事務官提出要「對女學校高年級生實施護理訓練」。然而，師範學校女子部與第一高等女學校早在十一月就在校內由軍醫及衛生兵開始護理教育，可推斷兩校學生從事護理工作應該是在更早以前就已經決定的。隔年一月，首里高等女學校及北部的第三高女也開始進行護理訓練，第二高女、積德高等女學校則從一九四五年二月開始護理訓練。據說第二高女當時謠傳，學校通知「不回學校就會無法畢業」、「不加入護理隊就無法畢業」。實際上，師範學校女子部的學生也受到威脅說，如果選擇逃難，就要「全額償還官費（獎學金）」而且「拒絕核發教師證」。

第三高女於一九四五年一月開始選出十位四年級學生，在沖繩陸軍醫院名護分院進行護理訓練。宮古島、石垣島也從這個時期開始進行護理教育，雖說各校稍有差異，學生們也是「志願」參與，但更多是受軍方的指示和命令而不得不上戰場。

上戰場

第三十二軍的沖繩戰計畫

一九四五年一月，美軍登陸三個月前，大本營發表了「帝國陸海軍作戰計畫大綱」。前大本營陸軍部作戰第二課杉田一次上校隨後表示，此作戰計畫的根本思想在於「完成日本本土的最終決戰。為此，中支（中國）沿岸的重要地區、台灣、西南群島、硫磺島等重要地區將作為外圍防線，在這些地區堅持進行持久作戰，延遲敵軍進攻本土的時間，在此期間使本土的決戰準備趨於完備。」（底線為筆者所加）[25]

另外，管轄第三十二軍的第十方面軍（駐於台灣）諫山春樹參謀長也對第三十二軍的長勇參謀長及八原博通高級參謀長表達：「美軍攻進西南群島和台灣時，中央也無計可施。說到底我們就只是本土決戰的棄子部隊，只能盡最大努力之後玉碎，別無選擇。」[26]第三十二軍的沖繩戰並非保護西南群島的戰爭，而是作為棄子部隊，為本土決戰爭取時間的戰爭。少年少女們在毫不知情的狀況下成為士兵，作為棄子部隊的一份子被迫上戰場，參與第三十二軍的持久作戰。

第三十二軍的沖繩島作戰內容為：「以一部分有能力的軍隊確保伊江島及本部半島[27]，以主要軍力佔領沖繩本島南半部的陣地，並與海軍空軍合作，盡可能消耗敵軍戰力，尋找機會機動集結主要軍力，轉為攻勢，並在本島南半部擊潰敵軍。」[28]也就是說，計畫是在北部（山原）配置一部分有力軍隊守住伊江島和本部半島，沖繩島南半部（宜野灣市嘉數以南）則由第三十二軍的主力部隊建造陣地進行持久戰。

沖繩島內九間學校的鐵血勤皇隊、通訊隊和六間學校的女子護理隊（輔助護理隊）是根據此作戰計畫配置的。

沖繩島的地面戰，自一九四五年四月一日持續到六月二十三日（一說二十二日），也就是第三十二軍司令官牛島滿中將、長勇參謀長自殺之日。然而，在那之後戰鬥仍在無人引導戰略的狀態下繼續，活下來的學徒多在六月底成為美軍的俘虜，但也有學徒躲藏到十月左右。

鐵血勤皇隊及通訊隊的動員人數、戰死者數

看下文的表五可知，動員的學徒總人數含教師共有一千四百九十三位，其中犧牲性命

的學徒隊員有七百九十二位，教師有二十四位，合計共八百一十六位。動員人數、戰死者數有明確數字的七間學校（不包含那霸市立商工學校的戰死者一百一十四位）的戰死率為百分之四十七，犧牲者約佔了半數。表格中的「學徒隊以外的學生、教師戰死者數」，是指非以學徒隊，而是以正規軍人名義受徵召者，或是一般民眾在逃命過程中喪命者，加上這些人之後才是總的戰死者數。由於不知道當時的在校生及教師人數，無法算出確切的戰死率，但整場戰爭中共有一千六百零二名學生及教師喪命。

一九四五年二月上旬，一中的仲地清雄（當時五年級）身為一中學生的代表，在校長陪同下出席會議，縣知事也有參加，當時是他第一次聽到鐵血勤皇隊此一隊名。據說島田叡知事在會上發表訓示：「鐵血勤皇隊不是戰鬥部隊」、「鐵血勤皇隊的主要任務，是空襲時跟學校職員一起協助滅火，以及增產糧食等等」、「大家必須協助軍隊打勝仗。」[29]然而，學生們依舊被送上了前線。

女子學徒隊的動員人數、戰死者數

接著看表六可知，女子學徒隊的動員總人數包含教師共為五百二十三名，犧牲性命的學徒隊員共一百八十八名、教師十三名，合計共二百零一名。若以沖繩島內六間學校的動員人數來看，戰死率大約為百分之五十，半數的人都犧牲了性命。表格中的「學徒隊以外的學生、教師戰死者數」，是指在戰場上逃難過程中喪命者，加上這些人之後，當時在學的學生與教師共有四百四十七人犧牲性命。

在二百零一位學徒隊的犧牲者當中，除去第三高女、宮古、八重山的人，剩餘的一百九十八名都是在沖繩島的中南部地區喪命。以下我們將分別說明中南部地區與北部地區戰場的樣貌。

配置到中南部

在沖繩戰中，日軍對於中南部地區，計劃「以主要軍力」建造「陣地於沖繩本島南半部」，並以「在本島南半部擊潰」美軍為其戰略定位。第三十二軍決定以中南部為持久戰的戰場，配置了許多鐵血勤皇隊、護理隊。

鐵血勤皇隊中，有些學校如前述第二中學校在一九四五年四月上旬解散，有些人回到父母身邊，也有些人就近加入軍隊，更自願前往激戰前線。由於戰場狀況混亂難以掌握個別情況，很難統一斷定配置地區，若以地區為單位並依據最初對各學校進行配置的指示、命令來看，南部主要配有：（一）師範鐵血勤皇隊、（二）一中鐵血勤皇隊及通訊隊、

學徒隊以外的學生戰死者數	學徒隊以外的教師戰死者數	戰死者合計
徵召者64人	10人	學生290人、教師19人，合計309人
其他135人	12人	學生288人、教師18人，合計306人
其他71人	9人	學生186人、教師9人，合計195人
徵召者35人、其他11人，合計46人		學生88人、教師0人，合計88人
徵召者64人、其他37人，合計101人	5人	學生124人、教師6人，合計130人
徵召者5人、其他22人，合計27人	7人	學生58人、教師8人、合計66人
其他70人		學生158人、教師7人，合計165人
徵召者4人、其他39人，合計43人		學生157人、教師0人，合計157人
不明	不明	學生182人、教師4人，合計186人
0人	0人	0人
0人	0人	0人
0人	0人	0人
徵召172人、其他385人，合計557人	43人	學生1,531人、教師71人，合計1,602人

表五　鐵血勤皇隊、通訊隊的動員數、戰死者數

學校名	動員人數	戰死者數	學徒隊（含教師）的戰死比率
沖繩師範學校男子部：師範鐵血勤皇隊	學生386人、教師24人	學生226人、教師9人	57%
沖繩縣立第一中學校：一中鐵血勤皇隊、一中通訊隊	學生273人、教師12人	學生153人、教師6人	56%
沖繩縣立第二中學校：二中鐵血勤皇隊、二中通訊隊	學生140人、教師1人	學生115人	82%
沖繩縣立第三中學校：三中鐵血勤皇隊、三中通訊隊	學生344人、教師19人	學生42人	12%
沖繩縣立農林學校：農林鐵血勤皇隊	學生130人、教師10人	學生23人、教師1人	17%
沖繩縣立水產學校：水產鐵血勤皇隊、水產通訊隊	學生48人、教師2人	學生31人、教師1人	64%
沖繩縣立工業學校：工業鐵血勤皇隊、工業通訊隊	學生97人、教師7人	學生88人、教師7人	91%
那霸市立商工學校：商工鐵血勤皇隊、商工通訊隊	不明	學生114人	不明
私立開南中學校：開南鐵血勤皇隊、開南通訊隊	不明	不明	不明
沖繩縣立宮古中學校：宮古中鐵血勤皇隊	不明	0人	不明
沖繩縣立八重山中學校：八重山中鐵血勤皇隊	不明	0人	不明
沖繩縣立八重山農學校：八重農鐵血勤皇隊	不明	0人	不明
合計	學生1,418人、教師75人，合計1,493人	學生792人、教師24人，合計816人	不明

*本表以《沖繩縣史各論篇六：沖繩戰》為基礎，追加動員數到戰死比率欄位製成。

學徒隊以外的學生戰死者數	學徒隊以外的教師戰死者數	戰死者合計
88人	3人	學生211人、教師16人，合計227人
41人	8人	學生58人、教師8人，合計66人
1人	0人	學生2人、教師0人，合計2人
22人	0人	學生55人、教師0人，合計55人
25人	5人	學生28人、教師5人，合計33人
49人	4人	學生58人、教師4人，合計62人
0人	0人	學生1人、教師0人，合計1人
0人	0人	學生1人、教師0人，合計1人
0人	0人	0人
226人	20人	學生414人、教師33人，合計447人

表六　女子學徒隊的動員數、戰死者數

學校名	動員人數	戰死者數	學徒隊（含教師）的戰死比率
沖繩師範學校女子部、沖繩縣立第一高等女學校：姬百合學徒隊	學生：師範157人、第一高女65人、教師18人，合計240人	學生：師範81人、第一高女42人、教師13人，合計136人	學生：師範52%、第一高女65%、教師72%，合計57%
沖繩縣立第二高等女學校：白梅學徒隊	46人	17人	37%
沖繩縣立第三高等女學校：名護蘭學徒隊	10人	1人	10%
沖繩縣立首里高等女學校：瑞泉學徒隊	61人	33人	54%
沖繩積德高等女學校：積德學徒隊	25人	3人	12%
私立昭和女學校：梯梧學徒隊	17人	9人	53%
沖繩縣立宮古高等女學校：宮古高女學徒隊	48人	1人	
沖繩縣立八重山高等女學校：八重山高女學徒隊	約60人	1人	
沖繩縣立八重山農學校（女子）：八重農（女子）學徒隊	16人	0人	
合計	學生505人、教師18人，計523人	學生188人、教師13人，計201人	學生37%、教師72%，合計38%

*本表以《沖繩縣史各論篇六：沖繩戰》為基礎，追加動員數到戰死比率欄位製成。

（三）二中通訊隊、（四）工業鐵血勤皇隊及通訊隊、（五）商工鐵血勤皇隊及通訊隊、（六）水產通訊隊、（七）開南鐵血勤皇隊及通訊隊，共七校十一個部隊。護理隊（含輔助護理隊）則有：（一）姬百合學徒隊（師範學校女子部、第一高女）、（二）白梅學徒隊（第二高女）、（三）瑞泉學徒隊（首里高等女學校）、（四）積德學徒隊（積德高等女學校）、（五）梯梧學徒隊（昭和女學校）等。男女加總共有十三間學校配置於中南部。

從累積至今的各市町村史證言可以看到，有些少年少女們在戰亂之中，發生了精神異常的狀況。將他們的證言從四月上旬到六月底依時間順序排列來看，可知戰死者於四月下旬開始增加，五、六月因持久戰持續，戰死者的人數逐漸擴大。以下我們將細談戰場上的狀況。

鐵血勤皇隊及通訊隊——中南部的戰場

一九四五年三月二十三日，美軍開始空襲，隔天二十四日增加了艦砲射擊。二十六日，美軍在慶良間群島登陸，同時為準備登陸沖繩島，在靠近那霸港的神山島（或稱Chibishi，チービシ，慶伊瀬島）設置砲台，展開陸地砲射擊。四月一日，美軍從沖繩島中部的西海岸登陸，一方面將一部分的戰鬥部隊與軍政府的主力部隊送到北部，一方面將大量美軍派至日軍主力部隊駐防的中南部。

以下我們將依時間順序，說明鐵血勤皇隊及通訊隊的狀況。

四月上旬

一中鐵血勤皇隊的隊員寫下了遺書。[30]

三年一班仲泊良兼

致父母大人：此次戰役是至關重要的戰役，是決定勝敗的關鍵。能趕赴解救國家危機的正是我們這些青少年。（中略）我的身體並不屬於自己，我是陛下的赤子。父母大人請將大日本是神之國一事謹記在心，勿等閒視之。再見。

仲泊良兼於五月四日被神山島射出的砲彈直接擊中，當場身亡。

江田智英（本科一年級）於四月三日成為師範鐵血勤皇隊第一位戰死者。四月十二日，一中養秀寮因美軍的艦砲射擊損毀，池原善清與佐久川寬弁被發現燒死在裡面，宮城吉良則受了重傷，兩日後過世。這三人是一中生當中最早的犧牲者。31

開南鐵血勤皇隊進駐部署於宜野灣、浦添戰線的第六十二師團獨立步兵第二十三大隊。這個區域是最早的激戰地，四月上旬到下旬不斷發生激烈的戰鬥。幾乎所有開南鐵血勤皇隊的人都在這個階段戰死，也因此證言數量相當少，也無法確定進入開南鐵血勤皇隊的人數。但當時四年級的在學生一百一十四人中，有三十七位因為疏散及升學等理由去了日本本土，另有三十六人在沖繩當地準備入伍，而根據記錄，剩下的四十一人當中固定到校者約有三十位，可知以士兵或學徒隊身分上戰場的人應為沖繩當地準備入伍的三十六人，及固定到校的大約三十人。

四月下旬

二中通訊隊被部署到駐留首里、浦添村的第六十二師團司令部、第六十三旅團司令部、第六十四師團司令部。這個時期，美軍已經非常靠近浦添，激烈的攻防戰持續不斷。四月二十六日，無線班有兩位隊員受了重傷，陸續開始有隊員犧牲。

四月二十一日，師範鐵血勤皇隊千早隊的久場良雄（本科二年級）在首里喪命。二十六日，仲吉朝英（本科二年級）在「留魂壕」入口中彈戰死。四月下旬，野戰築城隊的津

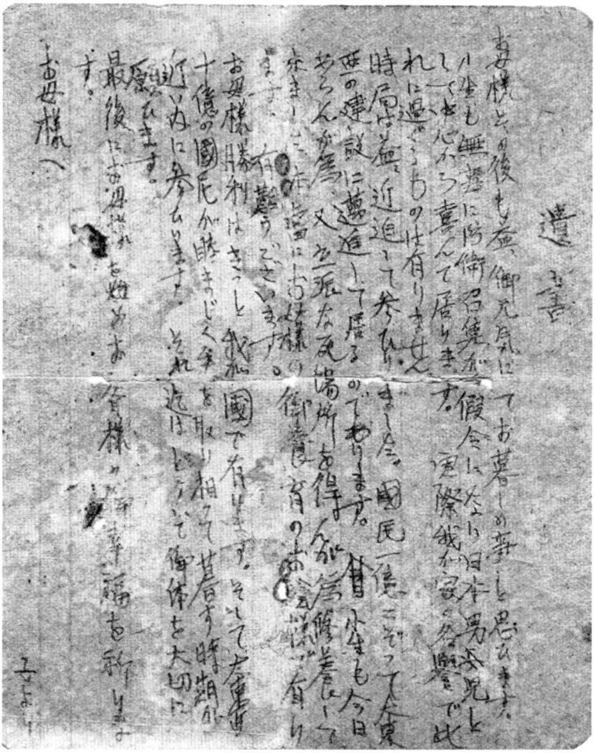

圖四：徵召者的遺書（姓名不詳，養秀同窗會典藏）。遺書全文如下：

遺書

母親大人，想必您這段日子定是過得平順安好。
兒子有幸順利接受防衛徵召，身為日本男兒，真心感到喜悅。這對我們家而言，比任何事都還要光榮。
時局日益緊迫，全體一億國民正朝向大東亞的建設邁進。小兒為了無悔今日、死得其所而修習至此，這一切都要感謝母親大人的養育之恩。母親大人，勝利肯定是屬於我國。再過不久，大東亞十億國民和睦攜手生活的時刻就會到來，在此之前請您務必保重身體。
最後在此祈禱母親大人和父親大人都能幸福。
致母親大人

兒子敬上

波古正行（本科二年級）則在陸軍醫院防空洞過世。

五月上旬

水產通訊隊在第三十二軍司令部的防空洞內，與通訊兵共同負責通訊業務與監控工作。五月七日，通訊隊員在繁多川（那霸市）架設電話線時，受到砲彈近距離波及，有兩個人戰死。同一天，師範鐵血勤皇隊的東江政昌（本科三年級）在前往弁岳（首里）北側對美軍戰車進行肉搏戰的途中，頭部中彈戰死。在那之前，同為突擊隊的內間安和（本科三年級）也因右大腿中彈戰死。

大田昌秀回憶當時「每天每天都有學生死去」、「五月十七日，首里前方的安波茶（浦添市）被美軍佔領，守備軍司令部命令鐵血勤皇隊派出二十五人組成特編隊，當場接受迫擊砲的操作訓練，被派遣至弁岳的攻防戰後，全軍覆沒。」

二中通訊隊被配屬至第六十二師團（南部豐見城的重砲陣地）的有線班，在美軍進攻至前田高地附近時，開始出現許多傷亡者。

五月下旬

工業中學一二年級的學生選出一百零七名工業通訊隊員，被配屬至浦添及豐見城。新垣安榮如此回憶：「敵軍將在明天攻入安里、坂下來到首里，為了突破這個作戰計畫，在坂下一帶擊破敵軍戰車，我們被編組成人肉炸彈突擊隊，再次由體型大的我負責第一班。（中略）我將緊急製造的炸彈背在身上，趁夜晚在現場挖了單人防空洞，準備一大早戰車來時進行突襲。（中略）我告訴自己，這是為了國家，我要成為家鄉的盾牌。（中略）終於來到第三天，我一邊想著今天就是最後一天了，一邊等待時機，就在這時候收到了往南部撤退的命令。」

師範鐵血勤皇隊的突擊隊員們於五月二十七日抵達摩文仁（糸滿市），隨後卻再次回到首里炸毀防空洞。其後城田榮（本科三年級）與仲地萬藏（本科三年級）在返回摩文仁的途中受傷，雖被運送到第八十四師團（石部隊）的醫院，但仍然戰死。

六月上旬

六月初，美軍利用在沖繩島中部奪得的日軍飛機場向南部出擊。美軍除陸上部隊外，還從空中使用凝固汽油彈及火箭彈，並發動機槍掃射等攻擊。[32]

師範鐵血勤皇隊被逼退到摩文仁，持續有人喪命。六月七日，宮城慶友（本科二年級）在站哨時遭艦砲砲彈擊中而戰死，兼島明與知念悟吉（皆為預科二年級）則在摩文仁岳中彈戰死。六月十日，野戰築城隊的隊員在防空洞外休息時，突然遭到子彈集中火力攻擊，山田盛廣（本科二年級）、久保田博（本科一年級）、照屋寬明（本科二年級）三人當場死亡，石垣永展（本科二年級）、知念真一郎（預科二年級）、宇江原總英（本科一年級）三人則是受傷後戰死。到了十一日，宮平契德（本科三年級）在站哨時腹部中彈戰死，隔天十二日，則是山城長秀（本科三年級）頭部中彈當場死亡。

六月下旬

大田昌秀回憶：「十四日，千早隊員佐久間吉雄（本科三年級）被迫擊砲集中火力攻擊後受重傷，兩天之後死亡。前一天下腹部和大腿受重傷的新垣正良（本科二年級）也在同學的照顧中死去。（中略）野戰築城隊的宮城篤全（本科三年級）與撤退途中受傷的比嘉正良（本科一年級）兩個人，則先讓同袍退出防空洞外，然後自己用手榴彈自盡。」

十八日，美軍第十軍司令官巴克納中將（Simon Bolivar Buckner Jr.）在南部國吉台地前線視察時，因日軍的攻擊戰死。另一方面，同一天第三十二軍司令官牛島滿中將對配置於中南部的日軍下達解散命令，並指示應「突破敵軍前往國頭」。解散命令發布後，鐵血勤皇隊和女子護理隊在戰場上徬徨無措，犧牲者人數直線上升。

大田回想：「十八日軍方一方面下令解散，一方面又說『師範鐵血勤皇隊要突破敵陣逃到本島北部的國頭地區東山再起』」，隔天「十九日平井房吉（本科二年級）、新垣幸助、上原昇（皆為本科一年級）背著炸彈出擊，便沒有再回來了。千早隊的仲田清元（本科二年級）隨後也背著炸彈出發，之後下落不明。」

工業鐵血勤皇隊的前外間盛正（當時一年級）也記得十九日突破敵陣的行動，他說：「昭和二十年六月十九日左右，我們被敵軍包圍，部隊長下令『部隊分頭行動突破敵陣撤退到國頭去』，這一天許多人為了突破敵軍前往國頭，對敵軍發動突襲，在附近戰死。」[33]另外，與第三十二軍同行的商工鐵血勤皇隊及商工通訊隊，也在十九日傍晚到二十日早上鼓起勇氣發動突襲。商工通訊隊受到美軍的猛烈反擊，只有一個人生還。

一中鐵血勤皇隊則自六月十八日起「幾乎所有人都參加突襲攻擊，鐵血勤皇隊員加入士兵的行列發動突襲，很多人都沒再回來。二十一日，司令官和田孝助中尉自盡後，隊員們被命令進行最後的突襲，在鬼武中尉的指揮下出發，但被美軍的戰車和步兵包圍而全軍覆沒。」

許多被逼退至摩文仁的學徒們，都因為魯莽的「突襲」戰略，以及巴克納中將戰死後美軍的報復式攻擊，而失去寶貴的生命。大田回想：「六月二十二日守備軍司令部的司令官牛島滿和長勇參謀長自盡。日軍有組織的抵抗行動結束後，摩文仁一帶陷入美軍單方面發動殺戮的局面，使得許多師範鐵血勤皇隊員年輕的生命隕落。」

另外，一中鐵血勤皇隊於二十一日最後執行突襲，摩文仁的水產鐵血勤皇隊則被賦予任務，要將重要文件從摩文仁旁具志頭聚落（八重瀨町）的海岸運送至與論島。瀨底正賢（當時二年級）說：「一共（從約二十人當中）選出了五個人，據推測是前往司令部後，由某位參謀帶隊出發前往與論（奄美群島最南端的島嶼），但之後就音訊全無。」34

女子護理學徒隊——中南部的戰場

加入護理學徒隊的少女們，被配屬到南風原陸軍醫院與各個野戰醫院。雖說是醫院，其實只是在山的斜面上人工挖掘的防空洞，或是天然鐘乳石洞（Gama，ガマ），北部的醫院則是在山裡設置的登山小屋。女學徒的角色在各個地點幾乎都相同，包括在手術室持燈擔任軍醫的助手、包紮繃帶、收拾截肢後的手腳和屍體、處理傷患的排尿、排便及穢物，或是在醫療衛生相關工作之外幫忙送飯、運水等，有各種工作都壓在她們身上。據說醫院防空洞中的傷患人滿為患，臭氣沖天，但另一方面，醫院防空洞也是能夠躲避「鐵之暴風」的場所。隨著第三十二軍往南部撤退，女孩們也跟著轉換醫院防空洞，往南部移動。

在轉換防空洞的過程中，她們遊走在宛如地獄的景象裡。與鐵血勤皇隊相同，許多人也是在軍方下達解散命令後喪命。

三月下旬

三月十五日左右，瑞泉學徒隊（首里高女）與梯梧學徒隊（昭和女學校）被配屬至第六十二師團野戰醫院（通稱Nagera洞窟），姬百合學徒隊（師範學校女子部及第一高女）則在二十三日美軍開始發動空襲和艦砲射擊的狀況下，被配屬至南風原陸軍醫院。姬百合學徒隊原先只將高年級生列為動員對象，但因為激烈的空襲狀況混亂，使得人在宿舍的低年級生也一起被動員。同一天，積德學徒隊（積德高女）也前往豐見城的第二十四師團第二野戰醫院。隔天二十四日，白梅學徒隊（第二高女）則被配屬到位於東風平村富盛的八重瀨岳的第二十四師團第一野戰醫院。

四月上旬

美軍的空襲及艦砲射擊開始後造成許多傷患，南風原陸軍醫院及各野戰醫院的傷兵也急速增加。護理隊少女們失去休息、睡眠的時間，只能靠著牆壁和柱子閉眼休息。

四月中旬，中部宜野灣、浦添等前線有許多負傷士兵被送往南部豐見城的第二十四師團第二野戰醫院。積德學徒隊的真喜志光子回憶：「有士兵被擊中頭部、有士兵則手腳受傷，（中略）防空洞裡負傷士兵發高燒，散發蒸騰的熱氣，混合血、膿、排泄物的臭味，（中略）就像一個活地獄。」為了塞下滿出來的負傷士兵，各醫院增設分院，少女們則被配屬至各個分院。Nagera洞窟的十三位瑞泉學徒隊員，被配屬至更靠近前線的仲間地區（浦添市）的野戰醫院分院。

四月下旬

四月二十三日夜晚，於仲間分院防空洞執勤的真榮城信子（瑞泉學徒隊）被砲彈擊中戰死。姬百合則於二十六日在南風原陸軍醫院，出現了最早的犧牲者。佐久間米子（師範預科二年級）在防空洞的入口被機槍掃射，右腳中彈後因出血過多而死。

五月上旬

五月四日，陸軍醫院姬百合學徒隊的上地貞子（本科一年級）頭部中彈，當場身亡。同一天，嘉數Yasu（ヤス）（師範本科一年級）因砲彈擊中防空洞崩塌而被活埋。十一日，島袋Nobu（ノブ）（本科一年級）被迫擊砲擊中而戰死。十六日，嵩原Yoshi（ヨシ）（本科一年級）則在防空洞入口，全身被砲彈碎片擊中而戰死。

九日，被分派到一日橋分院做護理工作的波平節子與前田Shige（同為一高女三年級），皆因美軍的瓦斯彈攻擊當場死亡，安里千江子與前川靜子（皆為一高女三年級）則因為此次砲擊的後遺症出現了精神障礙。

十三日於識名分院，睡在防空洞入口的梯梧學徒隊隊員前川清子和饒波八重子，因為爆炸後的熱風受重傷後戰死。

五月下旬

五月二十五日，沖繩陸軍醫院下達撤退命令。根據在此執勤的姬百合學徒隊的回想：「重症傷患們大喊『也帶我們走』，但衛生兵說『重症傷患之後會用卡車和擔架運送』，我們相信了衛生兵的話（中略），便留下重症傷患後離開了防空洞。撤退前不久，師範本科二年級的狩俣Kiyo（キヨ）兩度中彈，被留在防空洞裡死亡。」之後，被留下來的傷患被迫喝下氰化鉀。

Nagera洞窟的人也在二十日至二十九日間開始撤退。分院識名醫院防空洞人員也往南部撤退，撤退時給予防空洞裡的重症傷患嗎啡和甲酚。

六月上旬

姬百合學徒隊的町田愛子（一高女四年級），在糸洲第二外科防空洞附近的民宅休息時，受砲彈擊中而戰死。六月十四日，山城本部防空洞被砲彈直接擊中，為了傳話而來的宜保春子（師範預科三年級）當場死亡，隔日，受重傷的安座間晶子（預科二年級）也死去。

七日，瑞泉學徒隊所在的米須防空洞附近的庶務班防空洞，遭到直接攻擊而崩塌，全員遭到活埋。有些學徒成功獲救，但武富Shige（シゲ）在活埋的狀態下過世。同一天，梯梧學徒隊的大城Kiyo（キヨ）和仲榮間米也喪命。

六月下旬

六月十七日，姬百合學徒隊所在的伊原第一外科防空洞入口附近有砲彈落下，荻堂Uta（ウタ）子（本科一年級）、古波藏滿子（預科三年級）、牧志鶴子（一高女四年級）以及許多陸軍醫院相關人員都喪失性命。

隔天十八日，姬百合學徒隊收到解散命令。負責人西平英夫校長在日軍的催促之下，不得不帶著學生離開防空洞。伊原第一外科防空洞有九位受傷的姬百合學徒，其中只有兩人生還。

翌日清晨，伊原第三外科防空洞落下白磷彈，四位教師和三十八位學徒戰死，五位倖存。有一位老師和一些學生逃出防空洞，但之後便下落不明。同一天早上，美軍對山城丘陵發動攻擊，比嘉靜江與宮城Fumi（フミ）（皆為本科一年級）在前往丘陵的途中，被砲彈的小碎片擊中而戰死。與座昭子（一高女三年級）在丘陵西側的束邊名遭遇爆炸後的熱風襲擊，當場死亡。町田Toshi（トシ）（一高女四年級）則在丘陵山頂附近因砲擊而當場死亡。另外，有許多學生也分別受了輕重傷。

活下來的姬百合學徒辛苦地跋涉，抵達了喜屋武、摩文仁海岸。六月二十日，由摩文仁海岸向東前進的阿波根俊子（師範本科一年級）與仲里順子（師範本科一年級）被海流沖走而過世。二十日中午左右，美軍開始以火焰噴射器及自動步槍進行掃蕩作戰。隔天二十一日，躲在荒崎海岸岩縫裡的姬百合學徒們，因為日本兵剛好逃到同一處而被美軍亂槍掃射，三人當場死亡，三人受重傷。因為這場攻擊，附近的平良松四郎（教師）、板良敷良子、普天間千代子、宮城貞子、宮城登美子、金城秀子、座間味靜江、濱比嘉信子等八名學生和畢業生瀨良垣Emi（えみ），以及二高女學生比嘉美津子以手榴彈自盡。

姬百合學徒隊在六月十八日下達解散命令後，共有一百多名教師和少女犧牲了性命。

為何在六月十八日下達解散命令

時間回到六月十七日，第三十二軍司令部在真榮里地區接獲報告，說持續戰鬥的部隊已經全滅，相當悲痛。[35]美軍已經徹底逼近設在摩文仁斷崖邊的第三十二軍司令部。

六月十八日，司令官牛島滿對各部隊下達解散命令，並下達指示要大家「突破敵軍前往國頭」，十九日司令部與各部隊的聯絡網斷絕，組織化的抵抗自此實質上結束。[36]解散命令後，包含男女學徒隊，戰況就如同前面所提及，有許多士兵和學徒喪命。接下來將說明配屬於第三十二軍司令部的士兵犧牲者。

二〇二一年一月，國立公文書館公開表明其留有第三十二軍司令部的「留守名簿」。

在「留守名簿」中，記載了士兵編入部隊的年月日及其家長（留守者），各軍人軍屬的生死等資訊。《琉球新報》記者確認該份資料後寫道：「記載中（全部一千零二十九人中）戰死者為六百九十二位，其中一九四五年五月往南部撤退，將司令部從首里移至摩文仁後的死亡者有六百人，六月二十日為死亡日期的最高峰，沖繩縣出身的士兵和軍屬死亡日期也集中在二十日前後。」[37]「六月二十日為死亡日期的最高峰」背後的因素，正是要大家「突破敵軍前往國頭」的解散命令。

司令官牛島滿為何在這個時間點下達「突破敵軍前往國頭」的解散命令呢？前面提到，同一天十八日中午過後，指揮美軍地面部隊的美國第十軍司令官巴克納中將因為日軍的攻擊而戰死。各部隊大約是從這個時間點到傍晚，晚則在隔天早上受理解散命令。司令部掌握了前一天（十七日）真榮里地區的戰況，應該也知道巴克納戰死一事，可推測牛島滿、長勇等人已經料想到會遭受美軍的報復式攻擊。即便如此，牛島滿依然在解散時下令「應勇敢戰鬥到最後一刻，為悠久的大義而活。」[38]這個時間點下達「突破敵軍前往國頭」的解散命令，意味著要南部還活著的所有日軍發動突襲，要疲憊至極的士兵和學徒以正面對決的姿態對抗氣急敗壞的美軍。

當五月下旬，首里城地下防空洞的第三十二軍司令部陷入毀壞狀態時，司令官牛島滿並未投降，而是往南部撤退。從這個決定可以看出，牛島滿一直都想著要將沖繩作為「棄子」，進行持久戰到最後一刻。持久戰的最後結果要不是牛島滿成為美軍的俘虜，就是以被殺或自盡收場。然而，牛島滿並未於十八日發布解散命令後自盡，而是於五天後的六月二十三日（另一說為二十二日）自盡，應是打算於下達解散命令後持續進行持久戰。可以推斷，「突破敵軍前往國頭」的解散命令是為延長持久戰所下達的攻擊命令，司令官牛島滿等人是為了讓戰爭盡可能持續得更久而下達解散命令。

如果解散命令是為了貫徹持久戰，那麼讓男女學徒隊直到最後都一同成為「棄子」，陷入持久戰之中，代價未免過於龐大。

第三中鐵血勤皇隊與名護蘭學徒隊——北部的戰場

沖繩戰中北部地區的作戰目標是「以一部分有能力的軍隊確保伊江島及本部半島」。所謂「一部分有能力的軍隊」，指的是宇土武彥上校率領的獨立混成第四十四旅團的一部分，也就是第二步兵隊，北部（山原）的居民稱之為「宇土部隊」。之後會提到的游擊隊（護鄉隊）也是編入宇土部隊之中。

宇土部隊中也有配屬前就受傷的日本兵。沖繩戰開打前的一九四四年六月，宇土武彥率領約四千六百名士兵搭乘名為富山丸的船，從鹿兒島前往到沖繩，卻在途中遭美軍潛水艇擊沉，只剩下約八百四十人抵達沖繩北部。名護町內迎接宇土部隊的居民回想：「宇土上校騎在馬上，其他步行的將兵則一半配太刀、一半配槍，全副武裝。有些士兵頭上手上包著繃帶，（中略）沒有英勇部隊的印象，反而看起來有些可憐。」[39]

宇土部隊要「確保」的地區範圍，是伊江島及沖繩島近百分之五十的面積，但包含受傷的士兵在內只有三千人上下，可從此兵員數推斷第三十二軍可能不太重視宇土部隊。宇土部隊就是第三十二軍的「棄子」，從大本營的角度來說可謂「棄子中的棄子」。

三中鐵血勤皇隊及通訊隊，以及二中、農林、水產的一部分學徒就是被配屬到這樣的部隊中戰鬥。而三高女中則選出十名少女擔任護理學徒隊，進到八重岳的深山中負責傷兵的護理工作。

三月下旬

三月二十三日，包含名護在內，北部各地開始遭受美軍空襲和艦砲射擊。名護的街道遭到破壞，三中生被聚集到伊豆味國民學校（也有人說是三中避難防空洞前），編成鐵血勤皇隊，其中還包含了一部分的一年級生。學生們之後分為加入宇土部隊者及加入護鄉隊者各一百五十位，加入宇土部隊的三中鐵血勤皇隊，被配置到靠近八重岳本部陣地的

Tananga（タナンガ）山，而已被配屬至宇土部隊的通訊隊，分為無線班、有線班、暗號班，潛入各自負責的陣地。另一方面，第三高等女學校的十位學生則被配屬到八重岳本部陣地附近的陸軍醫院名護分院，為了不被美軍軍機發現，用周圍的樹蓋住茅草建的醫院小屋屋頂，等待即將到來的地面戰。

四月上旬

四月七日，美軍從名護灣登陸，與從讀谷村沿陸路北上的部隊會合，並一路向北移動，幾乎將本部半島與沖繩本島隔絕開來，隨後便佔領第三中學校、第三高等女學校的校舍及各個學校。之後，美軍從陸海兩路夾攻潛伏在本部半島的宇土部隊，以八重岳為目標逼近。四月九日，聽聞美軍佔領伊豆味國民學校的消息，三中鐵血勤皇隊本要發動突襲，卻突然遭到數十發砲彈攻擊，行動以失敗收場。[40]

到了四月十二日，三中鐵血勤皇隊被解散，各自配屬至不同部隊。比嘉幹郎（當時二年級，後成為沖繩縣副知事）說，當時他判斷自己沒辦法逃過猛烈的鐵之暴風，打算用手榴彈自盡，正當他想用牙齒咬開引信的拉環時，被島繁勇（當時三年級）阻止了。[41]四月十五日，通訊隊無線班收到突襲攻擊的出動命令。隔天，砲彈攻擊愈發猛烈，同行的座喜味盛正（當時三年級）被彈飛後身亡。同一天，有線班的大城幸夫（當時十五歲）受傷，被運送到野戰醫院。[42]

配屬至八重岳的野戰醫院的上原米子（當時十八歲）說：「從九日左右開始，負傷的士兵持續入院。」上原回憶道：「到了晚上，受傷士兵被運進來，手腳截肢等大手術也沒有麻醉就直接進行」、「到了十日左右太陽下山後，第一線的真部山的傷兵不斷被運進來」、「因為（病房）裝不下，只好讓他們躺在河邊的道路上……。」[43]

四月下旬

四月十六日，從八重岳、真部山撤退的命令發布，宇土武彥上校及部隊步行前往護鄉隊潛伏的多野岳，有人說部隊人數是三百人，也有人說是五百人。對於野戰醫院收治的重症傷患及無法行走的傷患，護士發配他們每人一個乾麵包和手榴彈。大城幸夫表示，自己在拿到之後「意識到自己被放棄了。我茫然失措，開始大哭。」之後上原米子則告訴筆者：「拿手榴彈給大城先生的可能就是我。」[44]後來大城幸夫受同班同學比嘉親平（當時三年級）的幫助，一起前往撤退地點多野岳。離開野戰醫院的上原米子，至今仍因拋下許多重症傷患自行撤退感到悔恨不已。

三中鐵血勤皇隊中，有些人並未抵達多野岳，而是中途回到家人身邊，其他人則在五天後的二十一日左右抵達多野岳。然而，先抵達的隊長宇土武彥決定往更深山裡撤退，三中鐵血勤皇隊於是在多野岳解散。

另外，名護蘭學徒隊（三高女）的安里信子（當時四年級）處理傷兵到四月十七日早上四點左右，因為撤退不及，遭遇埋伏美軍的機關槍掃射而死。[45]名護蘭學徒隊跟隨宇土部隊往多野岳撤退，但在途中四散各處，形同直接解散。

宇土部隊的戰鬥有農林鐵血勤皇隊二十多人及二中鐵血勤皇隊十五人加入，少年們也抵達多野岳。農林鐵血勤皇隊的學徒們與配屬多野岳的將校尚謙少尉會合，與宇土部隊一同往更深山處前進。農林隊在東村的內福地遇見美軍並激烈交戰，尚謙少尉與農林鐵血勤皇隊的少年學徒共九人戰死。[46]此外，二中鐵血勤皇隊的學徒則單獨行動，有三人戰死。

從前農林學徒的證言，我們得知宇土部隊中有還有一到兩名開南中學的學徒，但細節已不可考。

美軍登陸後的四月五日，十五名水產鐵血勤皇隊員在副校長新崎寬綽及親川光繁老師引導下，加入恩納岳第二護鄉隊（第四游擊隊）的戰鬥，戰鬥中副校長新崎寬綽及學徒金城邦岡戰死。[47]恩納村安富祖區建立的第二護鄉隊之碑上刻有兩人的名字。

剩下的學徒與第二護鄉隊一起撤退至東村，解散後由於對當地不熟悉，在山裡徬徨無措，有數名（一說為九名）學生死亡。水產鐵血勤皇隊的狀況至今則多不可考。

宮古島與八重山群島的學徒們——飢餓與瘧疾

美軍並未登陸宮古島、八重山群島，但宮古島為興建三個軍用飛機場，動員中學、高等女學校及國民學校高等科的孩子們；八重山群島中，石垣島也為了擴建舊飛機場並興建新飛機場，與宮古島一樣動員國民學校的孩子們。十十空襲以後，兩個島在美英兩軍空襲的隔日，說要舉居民之力修建，進行徒勞無功的飛機場建設工作。[48]

另外，宮古島因有第二十八師團士兵共三萬人進駐而糧食不足，居民也陷入飢餓狀態。宮古島的二千五百六十九名戰歿者中，有近百分之九十都是因為營養失調及瘧疾而死。[49]部隊中宮古中學校的一到三年級生編組成宮古鐵血勤皇隊，宮古高等女學校的三、四年級生則被配屬到野戰醫院。

一九四五年三月，石垣島的縣立八重山農學校、縣立八重山中學校組成鐵血勤皇隊，與沖繩島同樣進行通訊訓練以及肉身突襲戰車的人肉炸彈訓練。[50]另外，八重山高等女學校四年級約六十人被分為兩班各三十人，分別配屬至船浮陸軍醫院（西表島）及第二十八師團第三野戰醫院。

宮古高女有兩位剛畢業的學生被配屬到軍醫院，因為空襲受了重傷，其中垣花美惠子（年齡不明）因為戰爭後遺症而過世。八重山高女的崎山八重子（年齡不明）則罹患瘧疾去世。

山原的少年兵及護鄉隊

護鄉隊的目的

一九四四年十月二十三日，有七百至八百位就讀青年學校的少年被召集到名護國民學校組成游擊隊，取名為「護鄉隊」，徵召時間比鐵血勤皇隊早了半年。在名護國民學校徵召後，有其他少年陸續被徵召，總人數約達到一千位，其中戰死者包含已成年者共為一百六十人。並且如前所述，當時中學校及高等女學校並非義務教育，青年學校是國民學校畢業的孩子們主要接受軍事演練的學校。許多孩子一邊幫忙家業，一邊就讀青年學校。

如前所述，當時大本營下令要第三十二軍成為棄子，盡量打持久戰。大本營預期，在第三十二軍潰敗後，美軍採取的戰略會將沖繩要塞化，用作與日本本土決戰的據點，組成游擊部隊的目的，便是藉由游擊戰破壞美軍基地或使其功能癱瘓。

護鄉隊是由陸軍中野學校畢業的村上治夫中尉（後升為上尉）進行編組。陸軍中野學校由大本營（後來的參謀本部）直接管轄，是培養諜報、防諜、謀略、宣傳等特殊任務要員的秘密戰要員養成機構。村上於一九四四年九月九日從中野學校畢業，同時接到前往沖繩的命令，在九月十三日抵達沖繩，並自行前往第三十二軍司令部。村上就任時向牛島滿中將、長勇參謀長致意，同時傳達第三十二軍潰敗後游擊戰也會持續進行。當時長勇參謀長也對村上說：「沖繩玉碎後你們也要活下來，繼續打游擊戰。」

大本營為了直接掌握第三十二軍的戰況，除游擊部隊以外，也讓陸軍中野學校畢業者組成的陸軍部隊特殊勤務部隊潛入其中。若計入此部隊，中野學校畢業者總人數為四十二人。陸軍部隊特殊勤務部隊的工作，是每天向大本營就沖繩的戰況進行四次回報。大本營即時掌握第三十二軍的戰況，並為日本本土決戰，即最終決戰做準備。

有關護鄉隊，筆者在《陸軍中野學校與沖繩戰——鮮為人知的少年護鄉隊》[51]一書中已詳細介紹，讀者有興趣可自行閱讀，本節將不重複標註參考資料。

護鄉隊的徵召

護鄉隊的正式名稱為第三游擊隊及第四游擊隊，為了養成少年們「自己的故鄉自己守護」的意識，而稱為第一護鄉隊及第二護鄉隊。

護鄉隊於一九四四年十月二十三日進行第一次徵召，隨後陸續進行了第二次（一九四四年十二月十日）、第三次徵召（一九四五年二月十日）以及第二護鄉隊的第二次徵召（一九四五年三月一日）。第一次徵召的年齡條件為滿十七歲以上，但也有一些少年僅十六歲就參與第一次徵召，東村出身的玉那覇有義便是一例。推測應是因為地方上的兵事主任為招滿軍方要求的人數，將虛歲十七歲者也視為符合徵召條件列入名冊交給軍方。第二次、第三次及第二護鄉隊第二次徵召則下修年齡條件，徵召十五、十六歲者入伍。多數人都不記得自己加入護鄉隊時為「志願入伍」。

第三次徵召時加入的座喜味盛善（當時十六歲）表示：「我不記得有紅紙（譯註：徵兵令）寄來，入伍是強制的。我們在青年學校集合，聽村上中尉訓話，是上位者強迫參加的氛圍。」親川一夫（當時十六歲）也回憶：「村上治夫來到青年學校。大家集合完畢後，聽到他說：『不願意加入護鄉隊的人站到前面來』，當然沒有人敢站出去。於是他又說：『好，有骨氣』，之後就開始進行徵兵檢查。」新里幸貞（當時十五歲）則回憶，當時的檢查不過是表面工夫：「村上治夫來到青年學校，跟中學校的校長兩個人一起進行徵兵檢查」、「身高比三八式鐵砲還長、拿得動十公斤重物的人就算合格。」金城幸昭（當時十六歲）則回顧：「同樣是東村的川田出身的前輩池原貞夫、比嘉貞男兩人來到青年學校，所有人排成橫列，接著他用手切進兩列之間說：『好，這排以前的人我們先帶走。剩下的人之後再回來帶你們』，徵召就這樣確定了。」沖繩戰底定之後，少年們不論願意與否，都受到強制性的志願徵召。

護鄉隊的訓練

護鄉隊除了一般的射擊、行軍訓練之外，也以打游擊戰為前提進行訓練，尤其著重抱著炸藥的人肉炸彈訓練和炸毀橋梁等訓練。

東恩納寬文（當時十七歲）表示：「我們要進行夜間襲擊的訓練，大多時候是拿著炸藥以肉身挺進的自爆訓練，作法是把一種叫黃色彈的三到五公斤炸彈纏在肚子上然後衝入敵陣。訓練很辛苦，白天晚上都在訓練。為了夜襲美軍的陣地，還要進行隱身前進敵陣的訓練。」除此之外，還有無論正前方有障礙物或懸崖都要堅持直線前進的直行訓練、半夜突然被叫起來行軍的日出訓練，把稻草捲進軍靴裡無聲走路的訓練，以及在一片黑暗中分為兩組，將對方當成敵軍戰鬥的訓練等等。比嘉文雄（當時十七歲）回想：「我們當時還進行了自殺訓練。脫掉鞋子，用腳的大拇指對準扳機，把槍口對準嘴巴之後用大拇指扣扳機，說是這樣可以死得比較輕鬆。」

訓練只要有一人失敗或延遲，所有人都會處以連坐處罰遭到毆打，或是讓少年兵互相毆打彼此。玉那霸有義（當時十六歲）說：「已經不知道發生什麼事了……。每天打來打去，已經覺得怎樣都無所謂了。覺得自己死了也沒關係……。」玉里勝三（當時十六歲）則回想：「在訓練中被欺負的人，甚至有人說跟美軍戰鬥時，要先殺了自己的分隊長……。」充滿暴力的軍事訓練，將少年們變成不怕犧牲，也不怕殺人的士兵。

少年們除了軍事訓練以外，也要建造陣地，並儲備糧食，以便在第三十二軍潰敗後能繼續戰鬥。其中將糧食從海邊的村落搬運到深山裡的工作，幾乎所有人都相當印象深刻，要由兩個人合搬六十公斤的米袋。大城數雄（當時十六歲）對筆者說：「因為實在太重了，我們拿竹籤在米袋上戳洞，讓米在搬的時候撒出來，反正只要數字對就好。」

第一護鄉隊的戰場

第一護鄉隊的陣地配置將本部陣地設於多野岳，守備範圍延伸至名護市區後方的名護岳，此外也潛伏於名護岳南邊的久志岳，以及本部半島宇土部隊本部陣地北側的Tananga（タナンガ）山（三〇二高地）。第二護鄉隊則潛伏在靠近沖繩島中部的恩納岳中。

原先之所以徵召北部（山原）的少年們，是因為他們比較了解當地，對進行游擊戰較為有利。然而第三十二軍幾度重新編組，久志村（位於現在的名護市）的少年們被配置到本部半島的Tananga山，而北部三村的少年們被配置到靠近沖繩島中部的恩納岳。他們只能在完全不熟悉地形的情況下，在山裡打游擊戰。大宜味村出身的瑞慶山良光（當時十六歲）表示：「我被命令在夜裡探察美軍陣地，然後一個人回來。我跟分隊長說我一個人回不來，分隊長卻把我毒打一頓，然後對我說『這樣你總知道路了吧』。」

一九四五年四月九日，第一護鄉隊多野岳陣地正式開始戰鬥，少年兵久場川德源、宮城文雄、平良文明以及分隊長志伊良正善戰死。宮城正信記得分隊長志伊良正善戰死時的樣子，他回憶道：「大城清雄打出一發射擊，然後對我說『正信，我們輪流射擊吧』，把小槍交給我，於是我也打出一發射擊。然而對方的子彈像雨霧一般射來，碰碰碰地打在旁邊的竹林裡，發出令人恐懼的聲響。志伊良上等兵對我們下達指示說『不要浪費每一發子彈，要用百發百中的精神射擊』，但敵軍的子彈攻擊太過猛烈（中略），後來便確定志伊良上等兵榮譽戰死了……。」少年兵們跟美軍戰鬥時，是兩人共用一把小槍。

久志村出身的少年兵們潛伏於Tananga山，但不諳地形，配屬至木下忠正少尉（陸軍中野學校畢業）率領的第三中隊，Tananga山的戰鬥僅短短一小時，就造成十七人喪命。之後第三中隊撤退到宇土部隊所在的真部山，直接編入宇土部隊，站上最前線。松田久昌（當時十九歲）回想：「我們明明有七個人，卻只有四支鐵砲」、「現在回想起來我們不過就是（美軍的）箭靶罷了。」細想前少年兵的證言便可以知道，他們並不是上戰場去打游擊戰，而是被迫與美軍正面對峙，成為美軍的攻擊箭靶。比嘉文雄（當時十七歲）提過「木下少尉是血氣方剛的年輕人」，由血氣方剛的年輕人指揮的部隊共死了三十五人，佔第一護鄉隊九十一人當中的百分之三十八。

久志岳同樣遭受激烈的攻擊。在久志岳，本部町出身的仲宗根善一（少年兵）因胸口到頭部被子彈貫穿而身受重傷。擔任衛生兵的仲地良松（當時十七歲）回想：「子彈從他的喉嚨貫穿到腋下。我們先想辦法幫他止血，之後把他綁在鐵砲上，兩個人一起逃到惣慶山躲起來。」戰後仲宗根善一為了表示感謝，送給仲地一個手作的衣櫃。

有些少年兵拚命幫助受傷的隊員，卻也發生有人被從小認識的同鄉射殺的事件。當時十六歲的屋比久松雄，來不及趕赴分隊長的集合命令（晚一至兩天），結果被視為間諜。分隊長命令從小彼此認識的同班成員三、四個人，將屋比久的手綁起來，並把他的眼睛遮住。屋比久被帶到深山裡之後被推上燒柴小屋，由同鄉成員以槍口對準屋比久，聽從分隊長的「射擊」命令後，將他射殺了。雖然無從得知是誰的子彈射中他，射擊的少年們戰後也跟屋比久松雄的遺族住在同一個村落裡，實在是難以想像他們的心情。

第二護鄉隊的戰場

第二護鄉隊的潛伏範圍以恩納岳為主要據點，擴及日軍的北飛機場（讀谷飛機場）。

北部三村的少年們潛伏於不熟悉的地形地勢，有大宜味村、東村出身的少年共二十四人犧牲了生命。

第二護鄉隊在恩納村和石川地區以北發動炸毀橋梁的攻擊。金城光榮（當時十七歲）說道：「石川橋就是我們炸的。我們接受轟炸方法的訓練，包括炸藥盒的製作，以及炸藥裝填的方法，我們在山裡進行這些工作，晚上就背著裝有十公斤炸藥的箱子，去破壞橋、飛機場和營房。」金城幸昭（當時十六歲）也回憶道：「我們把東側漢那、伊藝的橋全數破壞。然而，美軍在伊藝很快就用推土機從兩邊進行填平，讓車可以通過，我那時候想這個戰術根本完全沒用。接著我們用炸藥炸倒道路旁的松樹，這個作戰計畫也是為了防止美軍的進攻，卻反而造成從中南部前來避難的居民困擾。他們好不容易坐馬車逃過來，卻沒辦法過橋，只能放棄馬車用走的，結果只是讓避難的居民更加辛苦而已。」

美軍佔領金武村，建造飛機場（現在漢森基地[52]最早期的狀況）的時候，少年兵們趁機前往轟炸美軍的宿舍及燃料存放地點。美軍為了報復，強行襲擊恩納岳，攻擊從一九四五年五月二十四日持續到六月二日天未亮時，護鄉隊撤退為止，許多少年兵被送到野戰醫院，還被要脅應該自盡。負責看護的少年兵比嘉參榮回憶：「醫院裡可以聽到傷患的呻吟聲，以及一些人大喊要喝水的叫聲。有些人崩潰地喊著大家聽不懂的胡話」、「戰爭造成的悲劇實在太殘酷。我被擔架抬著抵達中隊本部時，我記得時間是十二點左右，旁邊的擔架上躺著幾天前被迫擊砲擊中，兩腿受了重傷的朋友。」據說這位兩腿受重傷的少年兵，因為美軍進入恩納岳，用身上攜帶的手榴彈自盡。

另外，也有少年兵是被軍醫射殺的。目擊射殺場面的仲泊榮吉（當時十六歲）說：

我親眼看見，軍醫殺掉沒辦法行走的人。跟我同樣出身東村的高江洲義英（當時十七歲）被軍醫用手槍殺害了，可能是因為高江洲義英雖然還很有活力，但腦袋變得有點奇怪。（軍醫）讓他坐在土堤上，用毯子將他蓋住，然後用手槍進行射擊。然而第一發沒有命中，把毯子掀開之後義英「啊哈哈」地笑。之後又射了第二發才打中他。

少年兵們的離隊與解散

第一護鄉隊的少年兵們在激烈的戰鬥當中慢慢離隊。村上治夫說：「隊員離隊的主要原因是家人住在附近，父母兄弟就在面前，他們沒有辦法戰鬥。」他還提及隊員們的離隊狀況：「當初多野岳陣地的人數在四月一日時是七百人，到了五月一日左右有三分之一離隊，到了七月一日則減少到最一開始的三分之一，八月十五日減少到剩下八人。」

第一護鄉隊的副官照屋規吉表示：「我是透過無線電得知六月二十三日司令官自盡一事」、「在獲知玉碎一事之後我們收到大本營的命令：『就算全滅也要撐個一年，從後方擾亂對手。』」即使潛伏在北部（山原）的深山裡，護鄉隊依然接獲了通知，知道第三十二軍最後的戰況。

照屋提到：「村上聽聞第三十二軍司令官牛島滿自盡，在七月一日時決定對美軍發動突襲。」然而包含照屋在內，瀨良垣繁春小隊長及其他分隊長都一起說服他說：「這本來不該是護鄉隊的任務，現在死了就什麼都沒了，別這樣做吧」，才讓任務中止。到了七月七日，村上下令：「各中隊留下一些人，跟隊本部一起擔任指揮聯絡的中樞潛伏在山裡，地方出身的隊員就回到老家所在的町村，為秘密游擊戰打基礎。」於是陸軍中野學校畢業者繼續往山裡埋伏，護鄉隊員則為準備下一次游擊戰暫時回鄉。

村上治夫在回憶錄裡寫道：「正當我們設定目標進行偵查，並著手整備攻擊器材，八月十五日突然聽聞終戰詔敕，於是解散部隊。」護鄉隊員並沒有再次被徵召。

一九四五年六月二日，率領第二護鄉隊的隊長岩波壽，開始從恩納岳往護鄉隊員們的故鄉——靠近沖繩島最北邊的山裡撤退。隊員金城蒲六（當時十六歲）說「抵達有銘時有三百多人」，大城弘吉（當時十五歲）則記得當時「有五百人左右」。宮城萬元分隊長則表示：「我記得當時岩波隊長叫大家回到自己家中待命，可能還會再次徵召，當時的訓詞聽起來是這樣的。軍隊手記也全部埋在有銘的山裡面，並且換穿私服……。」

岩波壽、畑友幸迪、松崎正行等三位陸軍中野學校畢業者其後仍繼續潛伏在有銘的山裡，經過美軍多次透過居民勸告才在十月二日下山，三人後來被帶往屋嘉收容所。

此外，率領第一護鄉隊的隊長村上治夫直到一九四六年一月五日才下山，成為沖繩戰當中最後成為俘虜的日本兵。

編入防衛隊、義勇隊、挺身隊的少年少女

防衛隊

沖繩的居民以防衛隊、義勇隊、挺身隊等名義陸續被徵召。雖然並非所有人如此，但其中有許多人是少年少女，或就讀國民學校的孩子們。

沖繩戰將至的一九四四年十月至一九四五年三月，根據前述「陸軍防衛徵召規則」，各地的男性（包含成人）以防衛隊之名接受徵召。北部於一九四五年二月左右，有部隊的下士官前來，下達「嚴格命令表示『一個人都不能少』，當天病人、殘疾者都被迫到指定地點報到」，其中可見「癲病患者、生病者、殘疾者」[53]，癲病患者和殘疾者被叫回家，但其他「跛腳者、生病者也被帶走，直接出發。」[54]恩納村仲泊國民學校則有兩百人被徵召，但因為其中有三十人不合格，便召集了一九二八年生（十七歲）者三十人，其中「有相當人數的人未滿十七歲」。[55]隨著美軍登陸，日軍被逼退至南部，日軍也針對躲在鐘乳石洞及人工防空洞裡的男性進行防衛徵召。

美軍登陸後，一九四五年四月上旬於宜野灣到浦添一帶發生激烈交戰，南部的兼城村收到「美軍已經登陸，島尻會成為最後的戰場」、「地方人士對地形較了解，適合打游擊戰，應該進行防衛徵召」等訓示，並接獲指示，要針對三月徵召時漏掉的十六歲以上至五十二歲者製作兩份名冊，一份交給軍方，一份則由村保管，以便村民避難期間回村時可以進行徵召。[56]

另外，靠近南部海岸的真壁村、摩文仁村、喜屋武村等則於四月十八日、二十日兩天徵召約八十人，徵召對象為滿十六歲至五十歲的青壯年人。各村公所的職員受軍方指示，走遍村子的防空洞（包含鐘乳石洞），徵召藏身其中的男性。當中有些生病的人被要求先到入伍地點報到，有些人只得就此入伍。[57]

具志頭村位於第三十二軍司令部的新據點摩文仁村隔壁，五月上旬就已經進行防衛徵召。由軍醫與當時的村長、各區長一起走遍防空洞，調查可進行防衛徵召者，並製作名冊後交給軍方。之後，再由軍方派遣的下士官與村公所職員再次到防空洞，命令大家入伍。五月十六日徵召約二十人，五月十八日則徵召了約一百人。[58]

戰後厚生省調查中提到：「這是為了達成部隊的要求，因為各部隊命令町□（文字無法判讀）進行人員徵召，要大家無論如何先把能用的人都找過來。」[59]南部在美軍登陸後也進行了全民動員。

圖五：美軍向沖繩少年提問。（沖繩縣公文書館典藏）

根據琉球政府社會援護課調查組整理的「防衛概況一覽表」，依據防衛徵召規則接受徵召者，在沖繩島、渡嘉敷島、座間味島合計共二萬二千二百二十二人，但並未計入宮古島、八重山群島，實際人數應該更多。[60]負責《援護法》相關調查的厚生省事務官馬淵新治表示：「全作戰期間約有近二萬二千名防召兵，其中約一萬三千人，相當於六成的人戰死。」[61]不知道其中有多少的少年死去。

義勇隊、挺身隊、救護班、炊事班

義勇隊和挺身隊是指居民自發組成的部隊，但實際上幾乎都是由駐留在村子裡的軍方或有力人士，主要逼迫留在村子裡的男性（包含成年人）組成。此外，有些少女未被允許逃難到北部而留在村子裡，也以相同的方式接受動員，就近加入部隊的救護班或炊事班。

關於義勇隊的編組，沖繩縣和平祈念資料館所藏的《參考資料》中，有「戰場下沖繩教職員的活動狀況」的資料，提到村長及教育相關人員以「首腦會議」之名發起討論，內容如下：

首腦會議（島尻郡、首里市、那霸市）昭和二十年三月十六日；地點為楚邊國民

學校

校長、村長、縣永山（寬）督學、中山（與信）督學

一、確保糧食（中略）

二、義勇隊的訓練

（甲）以一殺十，或一台戰車，一億人皆為士兵

（乙）日常活動遵照義勇隊本部的命令體系行動

戰後厚生省的調查中也提到：「組成少年義勇隊協助軍方的案例在各地發生（伊江村、玉城村）」[62]從涵蓋年齡來看，感覺義勇隊與前述防衛隊有所重疊，但義勇隊的編組更多是由學校介入。以下介紹發生於伊江島的少年兵義勇隊案例。

伊江島的少年兵

戰爭期間，伊江島發生激烈戰役，幾可謂為沖繩戰的縮影，島上少年們被編成義勇隊。山城修（當時十八歲）在伊江島的戰役中失去了姊姊正子（當時二十二歲），後來從同學那裡聽到當時的情況。當時，姊姊以突擊隊員身分待在Sanzata洞窟（サンザタ壕）。

日軍兵長說：「這個洞已經太危險了，快去避難。」大家聽令後，在要避難的洞口（洞內為筒狀隧道結構）列隊前進，這時洞的上方有位少年兵（當時十八歲）大喊「快看有敵人！」就對著洞的入口投擲手榴彈，姊姊走在最前面，手榴彈就在她面前爆炸。（中略）這位少年兵，以及當時跟姊姊一起行動的另外兩個人都是我的同學。隨著時間過去，當事人們不想再帶著恨意埋怨過去發生的慘事，便不再談起這個故事。據說被這位前少年兵殺害的共有十多人，戰後不久他還很健康，但在幾年前病逝了。[63]

伊江島也組織了女子救護班。古堅保子（當時十七歲）與山城竹（當時約十八歲）提到：「十七歲到二十四歲的未婚女性青年都被下達集合命令」、「共有一百六十人被編組入班」、「四月二十日總攻擊時，傷病士兵被灑上石油然後點火，所以大家都死了。救護班也拿到兩顆手榴彈。」後來救護班預計執行突襲任務，卻因美軍的集中攻擊分崩離析。一百六十位編入女子救護班的人當中，只有九人生還。[64]

加入救護班、炊事班的少女

沖繩島南部的具志頭村，在美軍登陸前的三月二十日左右，由最鄰近的部隊透過區長口頭傳達，動員七位婦女加入炊事班。當山初子（當時十六歲）以炊事人員的身分，加入了駐紮仲榮真部落的美田部隊野崎大隊的松村中隊。

當山在五月二十四日左右得知，本隊一半以上的人都已經戰死，他們帶著傷病士兵撤退到摩文仁，於六月十二日上午十點左右躲進現今「健兒之塔」旁的防空洞。她提到「我們救護婦所在的防空洞入口處有砲彈落下，因為爆炸的碎片和熱風……有五個人當場死亡，我在同一個防空洞內的左側，全身都被炸傷（小碎沙嵌進前段露出部分的皮膚）。」她還回憶：「我記得加入野崎隊的救護婦約有三十人，其中有二十人以上戰死，活下來的只有十個人左右。」[65]

另外在中部地區中城村的登又，清水主計中尉在三月二十七日說「抗命者用鐵砲砲擊」，脅迫十二人加入女子青年團，其中有五人戰死。[66]

波照間島的挺身隊

日本最南端的波照間島上，畢業於陸軍中野學校的離島殘存特務酒井喜代輔（假名為山下虎雄）化身為國民學校教師，潛伏在島上，強迫波照間島的居民疏散至瘧疾蔓延的西表島南風見田地區。因為這個行動，戰爭期間到戰後不久，波照間島居民有百分之三十四死亡。五百九十三位死者中有五百五十二人是因為瘧疾而死。[67]實為「戰時瘧疾」一詞的寫照。

酒井在南風見田地區徵召波照間島的孩子們組成挺身隊，其中一位高等科二年級生富底宏佑（推測當時十四歲）被一位教師，也是酒井的部下毆打致死。[68]

針對當時居民感染瘧疾而死的情況，當時的波照間國民學校校長識名信升表示：「實在不願回想起這個悲慘的事實，但更不應遺忘」，他在海邊的石頭上刻下「忘勿石 波照間 識名」等文字。戰後，波照間島居民發現刻有該文字的石頭，保存起來留存後世，在旁邊建立「忘勿石之碑」，並刻上波照間島死去居民的名字，富底宏佑的名字也被刻在上面。

以《義勇兵役法》預備本土決戰

大本營將本土決戰定位為「決號作戰」，在美軍登陸沖繩八天後的一九四五年四月八日，下令「決號作戰準備要綱」。六月九日，沖繩軍司令官牛島滿中將等人被逼退至南部，第三十二軍接近崩解時，國會裡正在討論《義勇兵役法》。提出此一法案的陸軍少將那須義雄表示要「貫徹一億人全民皆兵，集結眾人之力，勇往直前擊滅敵軍。」為此要讓國民「基於憲法服兵役」，「編入天皇親率的軍隊，帶著帝國軍人的榮譽與責任感」拿起武器，或是「挺身協助作戰軍隊的後援工作及其他總動員工作。」[69]

六月二十三日，第三十二軍牛島滿中將、長勇參謀長自盡，持久戰實質上結束的當天，日本政府在官報上對所有國民發布「法律第三十九號」《義勇兵役法》。《義勇兵役法》以「關於國民義勇隊組織一事」為基礎，依「法律第三十九號」（至第九條為止）和「法律第四十號」（至第十條為止）成立。《義勇兵役法》第二條將服兵役適用國民的年齡層規定得更加廣泛，男性訂為年齡滿十五歲那一年的一月一日到滿六十歲那一年的十二月三十一日止，女性則訂為滿十七歲那一年的一月一日到滿四十歲那一年的十二月三十一日止。第三條則針對義勇兵規定「志願者依敕令所訂內容可任用為義勇兵」，也就是說年齡在十五歲以下者若志願也可加入。第七條則記載了罰則：「為免受義勇徵召而逃亡、潛藏、毀傷身體、偽裝染病，或行其他欺詐行為者，處兩年以下徒刑。」

如同沖繩戰中少年少女們被強迫志願，為了迎擊本土決戰，國會已經立法強制徵召全國的少年少女和孩子們。

而這一切都是為了「國體護持」。

第三章

從戰場活下來的孩子

沖縄戦の子どもたち

參與學童疏散的孩子

「艦砲槍口下的殘渣」

從上述的內容可以知道，孩子們之所以被捲入地面戰之中，固然很大程度是受到日美雙方的作戰計畫所影響，但說到底，日本政府和大本營的計畫裡原先就並未考慮「保護居民」這點，而是為了「國體護持」、在戰爭中贏得勝利，不惜徵召、動員孩子們。

因此，足以成為戰力的少年少女們受到國家徵召，而未能成為戰力的孩子們對國家而言則是綁手綁腳的存在。不單如此，戰場上徬徨逃難的一般居民也同樣避忌孩子們的存在，而被丟在戰場上的孩子們則親眼目睹，甚或親身經歷這一切。

經歷戰爭者的記憶不只男女有別，基於當時的年紀是幼年時期或少年時期、當時身在哪個地區，也都有很大的差異。許多人的證言都提到「身邊的人被爆炸後的熱風彈飛」，並且經常表示自己是「剛好活下來的」。

沖繩有一首民謠叫做「艦砲槍口下的殘渣（艦砲ぬ喰ぇーぬくさー）」（作詞作曲者

為比嘉恆敏）。這首民謠將沖繩戰中失去家人、苟活下來的人們的悔恨和悲傷寫成「你和我／你和我／都是艦砲槍口下的殘渣」這段歌詞，以諷刺的方式並配上順口的旋律，最後唱出「究竟是誰強迫我們經歷這種事／悔恨綿綿無絕期／必將此世世代代傳承給子孫」，引起很多經歷戰爭者的共鳴。畢竟許多人都是親眼目睹身邊家人朋友慘死，對於只有自己「不小心活下來」一直懷抱著罪惡感和悔恨。

以下我們將從活下來的孩子們的證言回顧當時的狀況。

學童疏散與對馬丸遭擊沉的事件

「船上突然發出『碰』的一聲令人作嘔的巨響，我也同時醒了過來，船激烈地搖晃，海水從傾斜的船緣不斷湧進來。」「到處都可以聽到有人大喊：『老師，救救我！』『媽媽，救救我！』（中略），我這才意識到發生了大事，害怕得不得了。」以上這段證言來自平良啓子（當時九歲），她搭上了學童疏散船「對馬丸」，並且經歷船隻遭到擊沉的時刻。啓子回憶道：「堂（表）姊[1]時子、姊姊常子都被海浪吞噬了」、「我雖然搭上救生艇，但大家得爭著吃剩下的存糧。」[2]事件發生的時間，是一九四四年八月二十二日的晚上十點十二分。

為了為地面戰做準備，沖繩縣內開始將居民疏散至縣外。家人、親戚、鄰居自行發起的疏散稱為「一般疏散」，而由學校教師率領學生進行的疏散則稱為「學童疏散」。對馬丸當時主要用作學童疏散船，但也有一般疏散者搭乘，加上船員和士兵，估計共有一千七百八十八人上船、一千四百八十四人死亡。其中零到十五歲的孩子們包含一般疏散者共為一千零四十人，占犧牲者的百分之七十。[3]

後續會提到「御真影奉護隊」的副隊長新里清篤，他的家人當時也在船上。當時新里是國民學校的副校長，為了促進地方居民參與推廣情況不順利的學童疏散計畫，他讓哥哥一家七人、岳母和老婆，以及自己的三個小孩都搭上對馬丸。戰後，新里也成為「對馬丸遇難者遺族會」會長四處奔走。

當時，身為一般疏散者，金城園子（當時十二歲）和金城安江（當時十四歲）的母親帶著另外三位姊妹搭上對馬丸，結果四個人一去不回，兩人在美軍登陸前就成了戰爭孤兒。[4]她們兩個本來預計隨後前往日本本土。

一九四四年七月上旬，日本政府和大本營為確保配屬於沖繩的日軍糧食足夠，以及校舍可徵作兵營使用，鼓勵礙事的學童、高齡者及病人進行疏散。[5]學童疏散由縣政府向各學校校長發布「有關學童集體疏散之準備事宜」，家長被迫在大約十天之內，決定是否讓小孩疏散。地方居民之所以對疏散學童態度消極，其中原因包含不知道疏散結束的具體時間點、制海權已經掌握在美軍手上，以及如果難逃一死希望跟家人死在一起等。對於家長來說，參與學童疏散送走小孩是相當困難的決定。

當時平良啓子跟姊姊常子（三高女）、哥哥（當時六年級）、堂（表）姊時子（當時四年級）、大嫂以及祖母在一起。她曾說自己因為跟兩位姊姊在一起而感到非常放心。然而，當對馬丸在惡石島被美軍潛水艇波芬號（USS Bowfin）發射的魚雷擊中，乘客掉到海上之際，卻只有啓子得以搭上救生艇。救生艇上的人每過一天體力就更加衰弱，漂流到第五天時，船上只剩五個人，只有當初的一半。六天後，五人漂流到無人島上，被奄美大島宇堅村的人救起來。啓子直到隔年（一九四五年）二月都在古仁屋度過。[6]

與對馬丸一起從那霸港出發的曉空丸、和浦丸躲過了波芬號的攻擊，在一九四四年八月二十四日抵達長崎。[7]軍方將對馬丸被擊沉的事件視為軍事機密，下達封口令嚴格禁止倖存者說出當時情況。這麼做的目的，是為了能夠繼續執行學童疏散，但對馬丸遭到擊沉的事仍逐漸傳到大家耳中，有些學校也開始停止疏散學童。

學童疏散船當中只有對馬丸遭到擊沉，但有其他一般居民搭乘的船隻遭到擊沉。最初有許多一般居民遇難的是一九四三年五月遭到擊沉的「嘉義丸」，五百五十一名乘客當中共有三百二十一人喪命，其中也包含沖繩縣民；同年十二月，從那霸出發前往鹿兒島的湖南丸有六百八十三人上船，卻遭到美國潛水艇灰背魚號的魚雷擊中而沉船，落海的人們被護衛艦柏丸救起，但隨後柏丸也被灰背魚號擊沉。湖南丸上有十多歲的海軍少年飛行兵志願者兩百多人，以及被動員前往日本本土軍需工廠的年輕人，一共五百七十七人喪命。[8]

銘苅正子是湖南丸的遺族之一，一九八四年參加「戰爭期間遇難船隻共同海上慰靈祭」（參加時五十五歲），她說道：「媽媽（中略）在沖繩戰中讓女兒節子（當時三歲）餓死，奶奶則因為破傷風去世」、「媽媽的兒子名城政勝（當時十六歲）在前往軍需工廠的途中，搭乘湖南丸而喪命。」此外她也提到封口的事：「憲兵前來對媽媽說：『沉船的事不准說出去，否則就沒人願意去軍需工廠了。』」還說：「媽媽提過她直到現在，每次看到大海依然非常痛苦。」[9]根據《沖繩縣史各論篇六：沖繩戰》的記載，戰爭期間遭到擊沉的船隻中有二十六艘與沖繩有關，若不區分縣內縣外，死亡的乘客數共達四千五百三十二人。其中幾艘船已知載有較多孩童，但實際數字無法查明。

平良啓子在對馬丸擊沉事件中撿回一命，並於一九四五年二月下旬回到故鄉國頭村安波聚落，在大約一個月以後經歷了沖繩的地面戰。

飢餓、寒冷、寂寞（YASAN、HISAN、SHIKARASAN）

孩子們安全抵達疏散地之後，等待他們的是飢餓（YASAN，ヤーサン）、寒冷

（ＨＩＳＡＮ，ヒーサン）和寂寞（ＳＨＩＫＡＲＡＳＡＮ，シカラーサン）。這些形容充分呈現出當時孩子們的疏散經驗。

從沖繩渡海來到九州的孩子們，分別前往宮崎縣、大分縣和熊本縣。根據《沖繩縣史各論篇六：沖繩戰》的記載，「一九四四年十月底各縣向文部省報告學童集體疏散的兒童人數，分別是宮崎縣三千一百五十八人、熊本縣二千六百一十二人、大分縣三百四十一人，總人數為六千一百一十一人。」

東風平國民學校參加學童疏散的人，以宮崎縣的細島國民學校為借住宿舍，每人每天可支領五十錢的援護費，但配發物資卻一天一天減少。帶隊的新城一由（當時三十四歲）提到，當時得「用幫忙屠宰豬隻的收入，勉強維持孩子們的生活。」[10]

今歸仁村的今歸仁國民學校、天底國民學校的帶隊教師島袋善恒（當時三十二歲）則回憶，當時是跟當地居民借田來耕種才得以餬口，另外，當時想要拿一些柴火來禦寒，但因為柴火要優先上繳給軍方，因此幾乎沒辦法取得。[11]

對於沖繩島的孩子們來說，日本本土的酷寒相當難以忍受，加上思念家人的寂寞之情，必須忍受「飢餓、寒冷、寂寞」（ＹＡＳＡＮ、ＨＩＳＡＮ、ＳＨＩＫＡＲＡＳＡＮ）的三重苦難。島袋以《備忘錄》為題，寫下日記記錄了當時的處境。其中，一九四六年二月二十八日題為「川上美枝子的四十九天」的內容中，提到當時同為帶隊教師的宮城德吉的一段話：「生活條件相當惡劣，不只經歷事前不曾預料到的長時間集體生活，糧食也不夠吃，醫療物資匱乏，很多孩子陸續生病，在疏散期間有『今歸仁學校一人、天底學校三人』總共四名學童因病去世，讓人相當痛心。」[12]

返鄉

戰敗的隔年（一九四六年），參與學童集體疏散的孩子們搭上前往沖繩的船，結束長達兩年多的集體生活。東風平國民學校的町田功（當時十二歲）說道：「我在昭和二十一年十月二十五日踏上沖繩的土地」、「我很期待媽媽和哥哥、妹妹一起出來迎接我，我一直在迎接的人群之中尋找媽媽、哥哥和妹妹的身影，但沒能找到，來接我的是祖母、叔父和叔母[13]。」[14]

根據西原町立圖書館保管的《村制十週年紀念：村勢要覽西原村，一九五六年》記載，「一九四六年十月三日疏散至宮崎縣的一百七十八名兒童，由仲宗根英輝老師帶隊回到故鄉。時隔一年半，大家溫暖地迎接安全歸來的孩子們。然而，有些人因為戰爭失去父母或兄弟姊妹，看著他們身為孤兒被親戚接走的背影，沒有一個人能忍住不哭。」（標點符號由筆者標註）

喜友名Tomi（トミ）（當時七歲，來自讀谷村）因為對馬丸遭擊沉而失去母親和兩位弟弟，一個人活了下來，之後就在九州度過疏散生活。好不容易回到沖繩後，父親也戰死了。Tomi回想著他當時看著跟自己同樣處境的孩子們，下船後被父母抱著踏上回家的路，「感覺好像只有自己被拋下，心裡想著『要是沒有活著回來就好了』，雖然當時還是小孩，卻覺得很受傷，哭了出來。」[15]

許多成為戰爭孤兒的孩子戰後也相當辛苦，被迫過上悲慘的生活。我們會在之後的章節詳述。

「集體自盡」的孩子

渡嘉敷村、座間味村的事件

慶良間群島以其大海與自然之美為人所知，每年都有許多觀光客造訪，但島上各地發生的事件，卻足以呈現沖繩戰的真相。以下先摘錄三位當事者的證言。

渡嘉敷村的山城盛治（當時十四歲）：

（村裡的青年們）用三十年式刺刀從背後刺殺孩童。孩子們的肉比較細嫩，刺刀直接刺穿到身體的另一邊。而女生則讓她們上半身赤裸，自己把乳房往上推，然後行刺。我年紀比較小，跟青年們相比沒什麼力氣，負責從背後支撐被刺的女生們。過程是三個人一組進行的。[16]

座間味村的宮里美惠子（當時三十歲）：

另外，Nobu（ノブ）老師也用剃頭刀割破孩子們的脖子，但或許是傷口太淺，所有人都活了下來。孩子們相當痛苦，不斷哭泣。Nobu老師可能是對沒能成功赴死感到羞愧，用冷靜的口氣對我說：「（孩子們喊痛的話）就裝作不知道、裝作不知道就好。」活下來的我們不知道該怎麼辦，誰都沒有出聲，只是呆楞在那裡。[17]

座間味村的長田一彥（當時十歲）：

當時母親一邊流淚一邊說：「不是只有我們要死，島上的大家都會一起死的，一點都不可怕。」用盡全力說服三個孩子下定決心赴死（長田母子四人最後活下來了）。[18]

「集體自盡」的背景

美軍最早登陸的慶良間群島上發生了「集體自盡」（亦稱「強制集體死亡」[19]）。而美軍從沖繩島的北谷村、讀谷村沿岸登陸後，在這兩個村也發生了「集體自盡」，在中部地區美軍進攻路線上的美里村、具志川村也發生相同的事件。另外，隨著美軍的進攻，受鐵之暴風摧殘的沖繩島南部也同樣發生了「集體自盡」。

「集體自盡」發生的原因之一，就如同前面所提及，是由於日本政府致力於創造對天皇、國家的愛國心與忠誠心，但原因並非僅止於此。

由於戰爭相當漫長，持續了十五年之久，沖繩縣內從中國戰線返鄉的軍人也逐漸增加。在讀谷村，這些人返鄉後將自己在中國犯下的殘暴行為當作英勇事蹟告訴周圍的人，女性們則信以為真，深怕如果戰敗，自己也會遭受一樣的對待，因而認為「與其被敵軍抓到不如主動赴死」。此外，剛離開中國戰線的日本兵也被配屬到各地，他們對居民說「被美軍抓到的話，男生會被大卸八塊，女生會被強暴之後殺害」，將自己在中國的所作所為描述為美軍可能的行為，煽動大家的恐懼之心。

士兵們也會引用戰陣訓，也就是軍人的行動規範：「勿偷生受被俘之辱，應赴死而不留下罪過之污名」，以此要求居民要「軍官民同生共死」。有些居民是聽到日軍親口這樣要求（美里村的情況），有些居民則是從村子裡有影響力的意見領袖口中聽到的（慶良間群島的情況），居民們領到手榴彈，並聽對方說「真有什麼萬一就用這個吧……」，不問個人意願，讓大家心照不宣地赴死。

在當時，軍方的指示和命令是絕對的存在。許多經歷戰爭的人都說，拿到手榴彈的時候「沒想過要活下去，一心只想著赴死」，也是受制於這樣的心理狀態。

「視為間諜」與「軍官民同生共死」

日軍一方面緊急徵用包含孩子們在內的居民以建造飛機場和陣地，但另一方面，三十二軍牛島滿中將抵達沖繩後（一九四四年八月三十一日），在各兵團長聯合會議的訓示中表示要「嚴加注意防諜」[20]，並要求各部隊徹底執行訓示，居民也經常被認為有擔任間諜之嫌。軍方一方面要求地方上提供糧食，並徵用居民建造陣地，另一方面卻又擔心，萬一居民被美軍抓到，陣地的地點以及武器的數量、兵員人數等軍方的機密情報會遭到外洩。

就在這個時間點，沖繩發生了十十空襲（一九四四年十月十日）。居民第一次經歷空襲、體會到戰爭的恐怖，害怕得四處逃命。日軍看到奔走逃竄的居民後表示：「居民相當無知、缺乏氣魄，民情容易動搖」、「看青壯年避難情形，將來實須推動教育」，表達出對居民的不信任。[21]

十一月十八日，第三十二軍發布「有關報導宣傳防諜等之縣民指導綱要」，整建組織與體制，在「軍官民同生共死一體化」的「方針」之下實施軍官民一體化的報導宣傳及防諜對策。活動主旨為經常性調查「戰局的推移及民心的動向」，「根據民眾的程度」必要時「進行反覆宣傳（提升戰鬥意志的行動）」，尤其在防諜對策上，軍官民各有各的角色，而政府與居民需經常向軍方彙報。[22]民間（有力人士）監視民間（一般居民）的制度因此建立。

徹底施行「軍官民同生共死」的目的，是希望居民在被美軍抓到之前主動選擇赴死。在無處可逃的小島上，軍民只被允許了選擇死亡一途，因此發生了「集體自盡」。

「集體自盡」的孩童人數

美軍於一九四五年三月二十六日登陸慶良間群島後，座間味島上有二百三十四人、慶留間島上有五十三人因「集體自盡」而喪命，三月二十八日在渡嘉敷島上則有三百二十九人因「集體自盡」而喪命。[23]

筆者向座間味村與渡嘉敷村確認「集體自盡」犧牲者中孩童的人數，但並未得到明確的數字。然而，渡嘉敷島上戰死者總數為三百八十人（年齡不明者二十七人），其中經過確認的十八歲以下戰死者為一百四十五名，考慮到「集體自盡」的戰死者占全體戰死者的大約百分之八十七，可以推斷十八歲以下的一百四十五人大多數都是死於「集體自盡」。

接下來看沖繩島上美軍首先登陸的讀谷村的情況。讀谷村中因「集體自盡」而喪命者，目前確定人數達一百三十人（截至二〇〇一年一月底的統計）。[24]楚邊區的楚邊Kuraga（クラガー，內有水流的鐘乳石洞）有八人投水自盡，其中五人為二至十六歲的孩子。

另外，居民從讀谷村逃難至恩納村安富祖後所發生的「集體自盡」事件中，十一人當中有四人為十歲以下的孩子；村內Kuni（クーニー）山防空洞裡發生的「集體自盡」事件中，十六名犧牲者當中則有四位孩童。[25]

讀谷村波平的Chibichiri-gama（チビチリガマ，鐘乳石洞），一百四十人當中有八十三人因「集體自盡」而喪命。洞穴的入口建有石碑，上面寫著「從Chibichiri-gama向世界傳遞和平的祈願」。碑文上記載了亡者的姓名和年齡。經筆者細數過後，八十三人中十八歲以下者有四十九人，其中十歲以下有二十九人。

圖六：Chibichiri-gama。左邊的石碑上刻有八十三位犧牲者的姓名。

戰場上的孩子

各戰場的證言

如前所述，因為日軍計劃進行持久戰，於「沖繩本島南半部建造陣地，並擊滅」美軍，許多鐵血勤皇隊、女子護理隊的少年少女們被配屬至中南部的軍隊，因而喪命。

另一方面，中南部的居民雖接獲指示，要在美軍的攻擊開始前疏散至北部（山原），但直到一九四五年三月二十三日美軍展開艦砲射擊後，仍有許多居民留在原地，依據各自的判斷前往避難地點。前往山原的居民和前往南部的居民當中，都有許多小孩。

以下我們將引述證言來探討各地戰場的情況。

身陷鐵之暴風的孩子們——南部戰場

玉澤信枝（推測當時十六歲）：

一個下雨的夜晚，砲彈突然碰的一聲落在民宅院子的防空洞裡。所有人在一片漆黑之中起了一陣騷動。因為四周一片黑暗，沒辦法知道誰受傷誰死掉，只能透過觸摸倒下的人來確認。當中我們發現了幾位死者，其中一個是綁著頭髮的阿姨，另一個則是小孩子。摸到這個孩子的腳部時，我們發現他的兩隻腳都不見了。這個孩子前一天才理了頭髮好好整理過儀容。我是剛好在砲彈落下時離開防空洞，才沒有受傷。26

仲村傳（當時十三歲）：

我們在豪雨當中滿身泥濘，在砲彈的攻擊之下蹲在路邊持續前進。（中略）途中弟弟因為榴霰彈的碎片受了傷，我們用毛巾纏住他，讓媽媽背著他，邊走邊尋找安全的防空洞。（中略）當我們逐漸遠離砲彈的攻擊，好不容易找到天然的防空洞時，洞裡已經有許多避難居民和軍隊。弟弟的傷口長了蛆，我用小便幫他消毒。士兵用凶狠的聲音對我們說「讓小孩子閉嘴不要哭了」，就在下一個瞬間，洞裡傳出「轟」的一聲，冒出一股刺鼻的味道，讓人無法呼吸。27

國吉Haru（ハル）（當時十四歲）：

中途我發現祖父倒在小屋旁邊。我嚇了一跳，連忙把叔母叫來，兩個人忍不住抱在一起哭。一開始祖父看起來是被擊中大腿，所以我們用手帕將傷口綁起來，但致命傷其實是在頭部。腦漿飛濺出來，臉跟肩膀都沾滿了血，情況慘不忍睹。[28]

名幸芳生（當時九歲）：

戰爭發生前家裡共有十三人，但有十一個人都去世了，最後只有媽媽和我活了下來。最早去世的是爸爸的弟弟芳喜叔叔，以及他的妻子Yoshiko（ヨシコ）。當時Yoshiko住進那霸的善光堂醫院，芳喜叔叔去醫院看她時，剛好遭遇十十空襲而去世。而在美軍登陸之前，祖母Tsuru（ツル）和堂（表）姊Haruko（はるこ）也因為艦砲射擊而去世。Haruko當時大約十五、十六歲。（中略）由於當時我們在首里的石嶺地區，艦砲射擊像雨滴冰霰一樣不斷落下，（中略）那之後我們就躲進空的墓穴裡，然而剩下的九個人當中，叔母Kami（カミ）因為一種我記得是叫小兒麻痺的病，從小就沒辦法走路，她被留在西原的兩層樓防空洞，之後我們就再也沒有見過她了，恐怕是餓死的。（中略）祖父在日俄戰爭時受了傷，也沒辦法走路，有一條腿被截肢，需要靠枴杖才能行動。枴杖被砲彈的碎片打斷之後，他只能爬著走。之後爸媽都被迫擊砲打中，傷口不斷長出蛆，也沒辦法走路。（中略）在這個狀態下，我抱著弟弟，牽著兩個妹妹的手，不斷努力爬上斜坡，美國人則從後面偷偷尾隨我們。（中略）我害怕得不得了，因為曾經聽說他們會一個一個強姦女生之後殺害，男生則會被切下身體各個部位，眼睛牙齒統統會被切掉，用相當殘忍的方法殺害。（中略）後來大家所在的地方被丟了一顆手榴彈（中略），大家的內臟、手腳都被炸飛，當場死亡。[29]

在南部戰死的孩子

本書開頭提到的糸滿市、南城市、八重瀨町、南風原町（舊一町十二村）等地區在內的許多南部居民，在一九四五年四月以後，因為美軍從中部登陸而無法往北部逃難，加上被美軍逼退的日軍為了繼續持久戰而往南部撤退，居民們只能往更南邊走。南部地區陷入了日軍、美軍和平民同時存在的混亂狀態。

來自南風原町且在沖繩戰中喪命的十九歲以下戰死者，共有一千二百一十九人，我們取得了他們戰死地點的資料。如果我們將下表七中屬於南部地區的南風原町、知念、玉城、摩文仁等四個地點的數字加總，死亡人數共為一千一百四十三人（其中包含鐵血勤皇

圖七：1945年6月，兩位年幼的沖繩小孩被戰爭的混亂嚇壞了，哭喊著要媽媽。（沖繩縣公文書館典藏）。

隊、女子護理隊，但人數並不多），占全部的百分之九十四。可說南風原出身的孩子，絕大多數都是在南部喪命。

接著看糸滿市，根據《糸滿市史資料篇七：戰時資料下卷》所述，所有出身糸滿市的戰死者八千五百零八人當中，在糸滿市地區和其他南部地區（包含那霸、首里）戰死者為七千三百一十五人，占全體的百分之八十六。「前言」中有提到，糸滿市十四歲以下孩子的戰死者數為二千四百七十三名，可以推斷絕大多數人都和南風原町一樣，是在南部地區喪命。

雖然沒有明確的數據，但八重瀨町、南城市居民經過確認後，絕大多數也都死於南部。糸滿市、南城市、八重瀨町、南風原町等本次調查地區出身的戰歿孩童共七千七百九十一人當中，大多數應該都是死於南部。

糸滿市米須（當時屬於摩文仁村）鄰近姬百合和平祈念資料館，該地區共有一百二十八個家庭有一半以上的家人死於戰爭，其中十四

表七　南風原町孩童戰死者的分布地點

地點	0~9歲	10~19歲	合計
南風原町	130人	88人	218人
知念、玉城	50人	15人	65人
摩文仁	506人	354人	860人
那覇	11人	11人	22人
中部	17人	2人	19人
北部	17人	9人	26人
縣內	5人	4人	9人
合計	736人	483人	1,219人

歲以下的孩子戰死人數為兩百九十人。另外，米須聚落中共有四十二個家庭為全家人都死於戰爭（包含一人家戶）[30]，當時遺留的房屋，在七十六年後的今天仍留在縣道的路邊。

二〇二〇年四月，我有幸參加由經歷戰爭的大城藤六（當時十四歲）導覽的糸滿市真榮平（當時屬於真壁村）的田野參觀行程。真榮平地區共有一百四十一個家庭有一半以上的家人死於戰爭，其中有四十七個家庭為全家死難。[31]戰後不久，大城藤六跟活下來的村民一起調查了真榮平村的存活人數。筆者詢問他「為什麼十四歲的少年會想著手進行調查呢？」他則回答：「跟年齡沒關係，活下來的人就得做。當時的狀況就是這樣。」大城的調查項目中記載「無雙親共二十一戶」[32]，指的應該是僅剩戰爭孤兒的戶數。

現在糸滿市（舊一町五村）全家死於戰爭的戶數，包含一人家戶共為四百四十戶。其中有多少孩子則不得而知。

在中北部戰死的孩子

東風平村的伊良波朝助（當時三十四歲）在美軍登陸前就往北部逃難，他回想道：「沒想到卡車在恩納村的熱田掉進了海裡」、「我們把哭喊的婦女和孩子拉上來」、「包含我自己的長男（當時十二歲），當時共有十七個人喪命。」[33]有部分的南部居民在逃難到北部的途中喪命。

因為美軍從中部地區讀谷村、北谷村海岸登陸，中部附近的居民陷入混亂。前述Chibichiri-gama的「集體自盡」也是在這個時候發生。根據讀谷村的調查，戰死的二千零一十七位村民當中，有四百七十七位是在村裡死去，在北部的避難地點、或是美軍的平民收容地區死亡的人則為七百零九人（國頭、大宜味、東、久志、羽地）。

讀谷村的十八歲以下孩童戰死者數為一千一百零五人，占全村民戰死者的一半以上，其中十四歲以下的孩子為七百四十一名，占百分之六十七，又零歲、一歲嬰兒合計為二百三十人，加上六歲以下的幼兒則為五百二十人，可知年紀愈小的孩子有愈多人喪命。

我們還可從《沖繩市史第五卷：戰爭篇》來看中部地區沖繩市（舊越來村、美里村）的孩童戰死人數。沖繩市居民的戰死者數為二千九百三十八人，其中十九歲以下的戰死者為九百零三人。如果看十九歲以下者的戰死地點，中部為四百零七人，南部為三百一十二人，北部為一百八十四人。現在的沖繩市、當時的美里村當時發生了「集體自盡」，中部的四百零七位死者中也包含了因「集體自盡」而喪命的孩子們。

另外，羽地村（含成人共一百八十二人戰死）、金武村（一百八十六人戰死）、久志村（八十四人戰死）是沖繩縣事前指定的北部避難地，也是美軍設置一般民眾收容設施的地點，共四百五十二位沖繩市居民戰死。有關一般民眾的收容區域，會在之後詳細說明，

表八　讀谷村的十八歲以下戰死者數（按年齡別）

年齡	0歲	1歲	2歲	3歲	4歲	5歲	6歲	7歲	8歲	9歲	10歲	11歲	12歲	13歲	14歲	15歲	16歲	17歲	18歲
女	55人	41人	40人	31人	21人	23人	26人	19人	14人	11人	15人	8人	14人	14人	14人	14人	19人	17人	23人
男	66人	68人	47人	37人	27人	19人	19人	20人	17人	9人	14人	10人	14人	12人	15人	28人	28人	114人	121人
合計	121人	109人	87人	68人	48人	42人	45人	39人	31人	21人*	29人	18人	28人	26人	29人	42人	47人	131人	144人

*九歲的「合計」中有一位性別不明。

即便有幸逃出戰爭的泥淖，許多人仍因為糧食不足、瘧疾及其他疾病蔓延而喪命，其中有多少孩童則不得而知。

孩子們在北部山中目睹的事件

一九四五年四月七日，美軍從名護灣登陸，與從讀谷村經陸路北上的美軍會合，以沖繩島最北端的邊戶岬為目標北上進軍，幾乎隔絕了本部半島。

此前已經提過，八重岳、真部山（本部半島）因為有宇土部隊潛伏於此，遭受美軍猛烈地集中砲火攻擊。八重岳也有許多居民在此避難。

森松長孝（當時十二歲）居住在八重岳山腰的芭蕉敷聚落，他回想道：「八重岳及真部山有美軍激烈的艦砲攻擊以及從空中降下的機槍掃射，但一旦入夜就會馬上停止，這時候可以聽到附近的士兵喊：『好痛，救救我！』『媽媽！』，慘叫聲和呻吟聲在暗夜裡迴盪。」[34]

山裡同時有北部的居民、從中南部逃難而來的避難民眾、敗逃的日本兵，以及追擊日本兵的美軍。北部居民熟知山裡的狀況，在美軍登陸前就建造避難小屋，藏好糧食。然而，從中南部來的避難民眾一開始雖然有配給的避難小屋和少量的糧食，但在美軍進到山裡之後，也只能放棄小屋，在山裡徘徊。如果遇到敗逃士兵，僅存的一點糧食也會被搶走。

之後會詳細說明，名護市的深山裡有一個叫「大濕帶」的聚落，聚集了沖繩島所有地區以及鄰近離島的御真影。許多校長和教師為了奉護（保護）御真影聚集於此，另有十名左右的縣立三中學生作為輔助員。屋比久浩（當時十五歲）是其中的一位，他對筆者提到，他至今都無法忘記到山中避難的孩子們的模樣：

有很多小孩這裡（摸著臉頰）很消瘦、（因為營養失調）只有膝蓋和肚子凸出來……。他們沒有地方可去，只能四處徘徊。五月的雨一直下個不停，很多人看上去就活不過五月，在縣有林事務所附近徘徊。我們經常必須去偵查敵軍有沒有來，每次都會看到這些人……。不管是年幼的小孩還是父母，……他們連趕蒼蠅的力氣都沒有，……上廁所的時候也不找隱密的地方，直接在路邊解決，蒼蠅就全部聚集過來……。[35]

許多避難的居民沒有食物，包含孩童在內，只能在沖繩島山原的深山裡不斷徘徊。

久手堅裕子（一九二二年生）跟兩歲的兒子、祖母和小姑一起，在美軍登陸前從南部的高嶺村步行了九十公里，來到大宜味村的津波區，她提到糧食不夠的時候，她們「拿了蘇鐵來吃，但因為擅自偷走蘇鐵，被津波村的人斥責。」[36]蘇鐵雖然的確是飢荒和乾旱時的急用食物，但含有劇毒，如果沒有徹底清除毒素可能致死，是相當危險的食物。

國頭村的玉城清威（當時十歲）則回想道：「我的家人也因為營養失調瘦成了皮包骨」、「從市區來的疏散者情況特別悲慘，一個媽媽和小女孩搶著吃我們丟掉的薯類的外皮，也不顧上面爬滿蒼蠅。」[37]

北部羽地村的真榮田義春（當時十一歲）回想，他在山裡避難時，下山至美軍所在的地點，領取糧食後回到山裡吃。日軍剛好出現，說他拿了美軍給的糧食肯定是間諜，雖然成功說服了日軍讓對方消氣，但糧食幾乎都被對方搶走。[38]山中的日軍懷疑居民是間諜、搶走居民糧食的證言不勝枚舉。當時，有數千名日本兵埋伏於山裡，他們不跟美軍戰鬥，而是看到美軍就躲起來，遇到居民就將他們的糧食搶走。

現在的名護市是由戰前的名護町、羽地村、久志村一町二村所構成。根據名護市的資料，和平之礎（一九九六年）上出身名護市、刻有名字的戰死者為五千六百七十二人，其中在沖繩島和伊江島的戰死者為二千九百四十五人，又十八歲以下者為六百零八人。戰死的原因已經確認，主要是因營養不良染上的瘧疾、營養失調和病死。

從讀谷村提供的資料中也可以得知，死亡原因為營養失調、生病者為一千二百二十九人（包含大人），可知在山裡因糧食不足生病致死的人相當多。前往北部（山原）避難的居民和孩子們被推上戰場，因飢餓、瘧疾和疾病受盡折磨。

被虐殺的居民與孩童

一九四五年沖繩戰期間，在大宜味村的渡野喜屋聚落，爆發了日軍虐殺避難居民的事件。這起事件在美軍將校所記錄下的資料《沖繩戰戰後初期佔領資料》（以下稱《沃特金斯記錄》〔*Papers of James T. Watkins*〕）當中也有記載：「他們對平民進行殘忍的虐殺。五月十二日，在渡野喜屋，日本兵的小隊要求平民列隊後擊殺一人，並將其他四人強行帶到山裡，用砲火攻擊剩下的村民，造成三十人受傷。隔天，他們在仲宗根（位於今歸仁村）將沖繩人班長斬首殺害。」[39]

渡野喜屋事件的當事人仲本政子（當時四歲）和她哥哥（當時八歲）被美軍抓到後，

跟其他居民一樣，在往北部移動途中獲得糧食配給。日軍看到後對他們說：「我們在山裡都沒東西吃，你們卻吃得這麼好？」並搶走他們所有的糧食，日軍「把剩下的女生和小孩帶到海邊集合在一起，數『一、二、三』後從他們背後丟手榴彈，想殺死所有人。當時媽媽身旁的人內臟飛出來，往媽媽的方向倒下後死去」、「活下來的大概有十五個人。」[40]推測死傷者中有許多小孩。

《沃特金斯記錄》還記載：「五月二十七日早晨，在桃原（位於國頭村）……至少有三間沖繩人的民房受到（日本兵的）手榴彈攻擊。」「妻子被殺死，小孩的手臂嚴重斷裂。」「大約同一時間，六十四歲的兄弟家裡則被丟擲磷酸手榴彈，他和老婆、兩個小孩都受到嚴重的燒傷。」[41]逃難的民眾、孩子們即使進到美軍管理下的平民收容地區，仍然不得安寧。

戰時，宮城Haru（ハル）（當時二十七歲）的丈夫被徵召，與妹妹一家一起逃難到山裡，她說道：「避難時大家最討厭的東西就是孩子的哭泣聲。我們在Dakishiji（ダキシジ）（地名）露宿野外時，受到了照明彈攻擊，炸彈彈開後四周變得像白天一樣亮，強烈的光線就像魔性之光，不管多深的樹林都能穿透，讓大家緊張地始終不敢發出一點聲響。偏偏小孩會在這時候哭鬧，而其他人就會不斷說『讓孩子閉嘴別哭了』『你們遠離大家吧』，甚至說『把小孩埋了吧』。抱著小孩的母親，不管生死都處在地獄之中。」[42]無論在中南部的戰場還是北部的山中，小孩子都被視為礙事的存在。

逃難到恩納村山裡的久場文子（當時十五歲）則回想：「我們還在山上的時候，曾經聽糸滿來的一位母親說過，她帶了兩三個小孩，其中最小的還沒斷奶。在避難的地方有一個爺爺對她說：『這個小孩現在一直哭，會害大家都死掉，請想個辦法處理這個小孩。』正好附近有個小瀑布，這位母親就用石頭殺死了自己的孩子。」[43]

瘧疾與孩童

沖繩島上，許多逃難的居民和孩子，在被美軍抓到並送進平民收容地區之後，飽受營養失調和疾病之苦，更多是因為瘧疾蔓延而死去。根據二〇二〇年《戰爭孤兒的戰後史二：西日本篇》[44]，現今名護市境內的瀨嵩收容地區、汀間收容地區分別留有《瀨嵩墓地清冊》及《汀間市出生死亡清冊》（副本），其中《瀨嵩墓地清冊》記載的死者扣除不明者八十三人後，共有五百二十六位死者，其中十幾歲以下者有一百七十六人（一九四五年七至八月的數字），而《汀間市出生死亡清冊》記載的死者二百一十四人當中，則有五十九人是十幾歲以下的小孩（一九四五年七至九月的數字）。瀨嵩區的西平方喜（當時二十四歲）說：「當時出現瘧疾肆虐的高峰，老人家和小孩、體弱者紛紛死去，多的時候四、五個人。我有一個小孩也是因為瘧疾去世的。」[45]

在八重山群島，居民被日軍強制移動到的地區有瘧疾蔓延，石垣島的於茂登岳附近，日軍要求約一萬九千位居民強制移動，結果有二千四百九十六人因瘧疾喪命。另外前面也提到，波照間島的居民被強制移動到西表島，其中百分之三十四的人在戰時到戰爭結束不久之後喪命。

在由七個島組成的竹富町，有七十八位少年以護鄉隊的身分被徵召到西表島上。竹富島的內盛勇（當時十七歲）說：「我去大原處理牛隻的徵用，看到波照間的人都聚集在南風見田。我們走過去的時候，波照間的小孩和老人家來到帶隊的兵長面前，抓住兵長開始哇哇地哭泣，說昨天死了多少人，今天還有多少人會死，看起來非常可憐。」一松竹昇助（當時十五歲）則說，自己曾經拜訪過被強制移動到南風見田的醫生山盛顯一，聽醫生說「每天有兩、三個人死掉」。[46]

波照間島的死者五百九十三人當中，因為戰時瘧疾而死的人有五百五十二人，其中十八歲以下的人有一百九十五人，十歲以下者則有一百六十二人。[47]

第四章

戰禍中的教師與御真影——皇民化教育的結局

沖縄戦の子どもたち

御真影的處理方式

教師們的沖繩戰

教導孩子們的教師，尤其是必須保護御真影和《教育敕語》的校長們，在戰場上又是如何奔走、行動的呢？他們既要負責將孩子們「培育為臣民」，也要以一介士兵的身分盡力守護御真影和《教育敕語》，也就是天皇、現人神的化身，優先程度甚至超過自己的性命。透過觀察他們的戰場經驗，我們可以看見國家主義、皇民化教育作為孩子們教育的根基最後走向何處。

前面已詳述御真影和《教育敕語》的建置與其奉遷至沖繩時的情況，此處我們將討論御真影和《教育敕語》，尤其是御真影本身在沖繩戰前後的戰場上的情況。在北部（山原），孩子們和少年們也接受動員，以保護御真影不受美軍破壞。接下來的討論，我們將直接引用當時面對御真影時使用的表達方式，包括御真影的奉護（保護）、奉遷（移動）、奉安（安置）、奉燒（焚燒）等。

比孩子們更重要的御真影

一九四四年，當沖繩戰愈趨逼近時，縣內除了分校以外，幾乎所有學校都進行御真影和《教育敕語》的奉安。如前所述，各校孩子們上正課的時間愈來愈少，逐漸過起每天早晚參與軍事演練、陣地建造和糧食增產的生活，校長們則思考著地面戰開打後，該如何保護御真影和《教育敕語》，為了奉護傷透腦筋。

一九四三年九月十七日第三十二軍創設前，文部省為因應全國各主要都市可能遭到空襲，對各校下達了《學校防空指針》通知，其主軸如下：[1]

一、奉護御真影、敕語謄本、詔書譯本
二、保護學生與兒童
三、保護貴重文獻、研究資料及重要研究設施
四、保護校舍

文部省在通知中將「保護御真影和敕語謄本」置於「保護學生和兒童」之前，且指示又以保護御真影為最優先事項。文部省總務局長藤野惠說：「無論做出任何犧牲都必須完

成奉護」、「立場特殊，不許出任何紕漏」、「必須預先決定非常時期可以安放（中略）的奉遷場所」。[2]如前所述，御真影和《教育敕語》被神格化後，一點水漬都會讓教師們緊張到發抖，可以推測校長們應該認真遵守了藤野下達的通知。

十十空襲與御真影

一九四四年八月七日，天妃國民學校舉辦了校長會議，同時討論了學童集體疏散及「有關非常事態時的御真影奉護」主題。[3]此時正值塞班島失守，沖繩爆發地面戰的可能性大增的時期，學校為準備將學童送往日本本土疏散，而忙得不可開交。

同年十月十日，美軍軍機對沖繩發動大規模空襲，以縣都那霸為首，對縣內飛機場和軍港、軍方設施發動猛烈襲擊，也就是現在說的「十十空襲」。在機槍掃射之下，各校的校長抱著御真影四處逃命。沖繩師範學校的野田貞雄校長逃到學校東邊的古墓，那霸市的甲辰國民學校校長逃到牧志的防空洞，南部的糸滿國民學校校長逃進事前準備的避難洞穴，名護町的屋部國民學校校長逃到「旭川（聚落）一處叫 Takabataki（タカバタキ）的民宅」，伊是名島的伊是名國民學校校長則把東西「移到 Menna（メンナー）（地名）西南方的檳榔地」。伊是名國民學校當時的教師名嘉修二回想：「某天下雨，御真影因為防空洞的天花板有水珠滴下來而沾到水漬，害我們被監督的巡查責罵。」即便到了空襲這樣危急的時刻，御真影依舊是「不許出任何紕漏」。

十十空襲後，各地學校只要響起空襲警報，都要先讓御真影避難，學校教師們也因此變得戰戰兢兢。島袋庄太郎是當時稻嶺國民學校（位於現名護市）的教師，他的女兒木村敬子（當時十一歲）回想：「空襲之後，爸爸不管是睡是醒都在思考御真影的事，甚至超過他對家人的擔心。」[4]

御真影奉遷相關事宜

一般認為，御真影的奉遷，是由教育機關的中心縣廳及各支廳針對其各自管轄的學校下達指示。在八重山，縣政府向石垣國民學校的校長下達以下「御真影奉遷相關事宜」通知：[5]

御真影奉遷相關事宜

昭和二十年五月一日

八重山支廳長

石垣國民學校校長

御真影奉遷相關事宜通知

有鑒於現階段戰局嚴峻，決定將貴校所領受的御真影及交付之詔敕，於下述日期時間內奉遷至球第一八八〇一部隊內設置之奉遷所，盼能善盡此事，特此通知。

記

為於昭和二十年五月一日下午六時抵達球第一八八〇一部隊，請於下午五點三十分出發。

八重山支廳將此通知發給各校校長的時間為美軍登陸沖繩島後的一九四五年五月。而宮古島附近的伊良部島伊良部、佐良濱國民學校的「學校沿革史」中則提到：「昭和十九年十月三十一日，將學校奉戴的御真影奉遷至宮古郡的御真影奉護所」[6]，可推斷沖繩島上的學校應與伊良部島相同，在更早之前就收到上述通知。

各地區都計劃將分散在各地的御真影奉遷至人為挖掘的人工防空洞，如果是在沖繩島及其周邊離島則送至名護源河山裡的大濕帶，石垣島及其周邊離島送至於茂登岳山腳的白水，宮古島及其周邊離島則送至野原越。

接下來我們將討論實際發生地面戰的沖繩島上，採取了哪些奉護御真影的行動。

組成御真影奉護隊

組織御真影奉護隊

沖繩島及周邊離島的御真影，先是暫時聚集到沖繩島北部的稻嶺國民學校（位於舊羽地村），之後縣政府在更深山的源河大濕帶準備了兩個奉護地點，其中一個是將山裡的縣有林事務所進行改裝後，作為御真影奉護所使用；另一個則是在距離該奉護所直線約一公里的斜坡上人工挖掘出一個ㄈ字型，建成御真影奉護所。

十十空襲後，沖繩縣組成「御真影奉護隊」，以執行奉護御真影的特別任務。隊員有以下九人：

【隊長】渡嘉敷真睦，那霸國民學校校長

【副隊長】新里清篤，瀨底國民學校校長

【隊員】山城龜延，縣立第二中學校教諭[7]

【隊員】上原守榮，南風原國民學校訓導

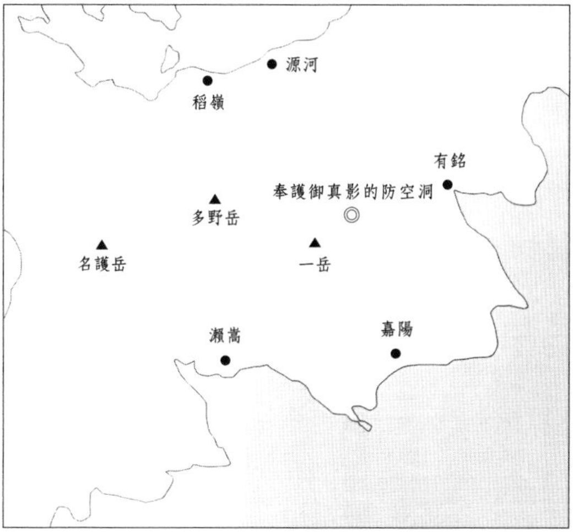

圖八：奉護御真影的防空洞位置。（名護市教育委員會提供）

【隊員】伊集盛吉，縣立第一中學校教諭
【隊員】喜友名朝龜，北谷國民學校訓導
【隊員】富原守茂，縣立第三中學校教諭
【隊員】金城珍德，稻嶺國民學校副校長
【隊員】粟國朝光，越來國民學校訓導

與御真影待在一起的御真影奉護隊以及教育相關人員，並不知道第三十二軍的戰略計畫是「打持久戰當棄子」，他們相信沖繩戰會獲得勝利，一心想在深山裡好好保護御真影。

縣政府教學課的首席督學永山寬也經手了奉護御真影的計畫。當時被任命為副隊長的新里清篤（後成為琉球政府立法院議員）在靠近本部半島的瀨底島瀨底國民學校擔任校長，他表示：「（一九四五年）二月底某一天，我突然接到縣政府教學課的永山寬首席督學聯絡：『我有話要跟你說，請你搭船來渡久地（位於本部町）一趟。』（中略）我一到渡久地，剛與永山督學見面，他便用跟平時一樣沉穩卻又多了一份熱切的語氣拜託我：『新里啊，你也知道現在的戰局發展，沖繩必須有玉碎的覺悟，身為教育行政的負責人，我現在最煩惱的就是全島各學校的御真影。一旦最壞的狀況發生，美軍登陸沖繩，我們勢必得奉護御真影。為了進行奉護，可能有幾十位校長和教職員會失去性命。縣政府會在羽地村源河山特別設置御真影奉護所，並將全島的御真影集中起來，為奉護做完全的準備。我們已經任命那霸國民學校的渡嘉敷真睦老師（後成為琉球海運老闆）為負責人，找來各郡市代表一共八個人組成奉護隊，並且計劃配置十位左右的第三中學校的少年作為輔助員。你在學童疏散船對馬丸的事件中失去所有家人，雖然對你相當過意不去，但還是希望你可以將奉護御真影的重責大任視為一己之事，擔任副隊長。』」（底線為筆者所加）[8]如同內容所提及，新里在學童疏散船對馬丸上喪失了所有家人，其中也包含他的妻子，他記得自己當時心想：「反正家人全都死了」，便收起猶疑的態度，「只答了一聲『好』。」[9]

同樣被任命加入奉護隊的喜友名朝龜（生於一九〇七年）任職於中頭地區的北谷國民學校，他則回憶自己是在「昭和二十年二月被縣政府督學找去，並奉命成為御真影奉護隊的奉護員」、「當時石部隊駐紮在學校，家人（和御真影一起）被送上石部隊的大卡車，得以疏散到山原去。」[10]

圖九：奉護御真影的防空洞。（名護市教育委員會提供）

縣立第二中學校的教諭山城龜延則表示：「我接獲命令要往北部的金武小學校移動，便率領隊員（二中生）前往指派的地點。到達指派地點後，副校長世禮國男老師拜託我前往源河山大濕帶部落，負責奉護御真影的任務」、「我們於是在三月十九日抵達大濕帶。」[11]

九位奉護隊員並非同時接獲任命，而是分別接獲首席督學永山寬的指示，在一九四五年一月至三月中旬之間接受任命，各自前往稻嶺國民學校，或是位於大濕帶的縣有林事務所（奉護所）。

據傳，越來國民學校的粟國朝光還對長勇參謀長發怒：「（第三十二軍的）長參謀對隊長渡嘉敷老師說：『（御真影）就交給你們處理了。』我們年輕的隊員相當憤慨，表示『要我們死守還可以理解，交給我們處理是什麼意思？』」[12]教師們在皇民化教育下長大，對任務充滿了決心與鬥志。

一開始的三位奉護隊員

其實，在九人組成的御真影奉護隊之前，就已經有過緊急且臨時組成的奉護隊。根據《地方自治七週年紀念誌》（一九五五年）記載：「一開始的奉護員除了縣政府教學課相關人員之外，還有當時縣立第一中學校校長藤野憲夫、女子師範學校仲宗根政善、那霸市松山國民學校喜久山添守（原文如此）[13]等三人，由相關學校輪流負責奉護工作。」（底線為筆者所加）無獨有偶，喜久山添釆也回顧道：「我身為副校長，跟隨真境名校長，將御真影奉遷至羽地村稻嶺國民學校」，「經過一段時間後……我們接獲縣政府教學課聯絡，要我們前往設置於大濕帶部落的御真影奉護所，便與縣立一中的藤野秀夫（原文如此）[14]校長及女師一高女的仲宗根政善教諭等人一起，過了一段時間的奉護生活。」「後來由渡嘉敷真睦老師擔任隊長，組成正式的奉護隊後，我就直接留在山原過著逃難生活，直到戰爭結束。」（底線為筆者所加）[15]

藤野憲夫校長將奉護隊交接給渡嘉敷真睦隊長接手後，又與自己的學生們組成的一中鐵血勤皇隊在戰場上奔走後受傷，他在姬百合學徒隊工作的南部伊原第一外科防空洞嚥下最後一口氣。仲宗根政善率領姬百合學徒隊經歷了鐵之暴風，親眼見證自己的許多學生喪命，而接手奉護隊的九個人則與其他多位教職員一起，一邊奉護御真影，一邊在北部（山原）的山裡徘徊了八十天左右。

與奉護隊一起行動的人們

縣政府首席督學永山寬提到的「計劃配置十位左右的第三中學校的少年作為輔助員」，屋比久浩（當時十五歲）正是被選出來的其中一人，因為他的父親屋比久孟林擔任管轄國頭地區的縣督學，因此全家人連同母親屋比久和一起前往大濕帶。[16] 另外，同樣擔任縣督學的中山興真（之後成為琉球政府文教部督學官）與屋比久一家人會合，之後還有國頭地方事務所長仲村兼信（之後成為琉球政府警察局長），那霸市私立開南中學校校長志喜屋孝信（之後成為首任沖繩民政府知事）等人加入。屋比久和在她的手記中，寫下了一家人前往大濕帶時的狀況：[17]

與真老師與孩子的父親接獲命令，要他們到源河山的大濕帶集合加入御真影奉護

的行列，我們一家人便決定一起避難。（中略）由與真老師和孩子的父親擔任駕駛，馬車抵達源河村時，太陽已經快要下山了（中略），前往大濕帶的路又窄又險峻，馬車沒有辦法通過。幸好我們在河的另一邊找到燒毀的民宅遺跡，在房子前面卸下行李，由與真老師與孩子的父親把馬車送回去。浩與同學年的座喜味武一（後改姓渡具知）被選為御真影奉護隊員，奉命前往源河山，兩個人為了看管行李，把身體鑽進行李之間過了一夜。（中略）我們開始了歷時三個多月的避難生活。（中略）戰後成為首任知事的志喜屋孝信老師臉色蒼白、神色緊張地趕過來看奉護隊的狀況，他說自己把所有東西、夫人和孩子們留在南部（一說為中部）的防空洞裡，接到命令後馬上一個人趕了過來，我到現在都沒辦法忘記他當時的表情。

據說，志喜屋孝信在一九四五年三月即將結束之際，扛著御真影從那霸回到老家所在的具志川村，在防空洞裡也一刻都不敢離開御真影身邊。[18]他的姪女志喜屋初子說：「聽聞美軍登陸之後，叔父（孝信）把祖母和叔母（孝信的妻子）留在防空洞裡，為了守護御真影一個人前往山原」，「隨後婆婆背著孫子跟小叔一起跟了上去，考慮到有還沒斷奶的小孩先出發，我跟老公和妹妹三個人也急忙追了上去。」[19]從以上狀況可知，沒能將御真影提前奉遷至大濕帶的志喜屋孝信，暫時將御真影奉護在老家具志川村的防空洞裡，但四月美軍登陸後，也顧不得孩子還沒斷奶，急忙將御真影送抵大濕帶。

屋比久浩也記得志喜屋臉色蒼白、神情緊張的那張臉，他提到：「志喜屋孝信先生跟仲村兼信先生都在一起，志喜屋老師來的時候看起來疲憊不堪，奉護隊想將糧食分給他，他還以『我不是奉護隊員』為由拒絕了，幾乎都沒有吃東西。」

當時住在大濕帶的諸見里豐子（舊姓新崎）也記得志喜屋孝信。諸見里回憶道：「志喜屋校長每天都來我們家吃午飯，被抓成為美軍俘虜的時候也跟我們一起，走的時候穿著我們家爺爺的衣服，還戴著我們家爺爺的帽子。」[20]志喜屋雖然不願意拿御真影奉護隊的糧食，但應該受到新崎家不少照顧。

將所有御真影送至山原

將御真影奉遷至山原

前面提到，原先安置在沖繩島及周邊離島國民學校的御真影，在一九四四年十二月至一九四五年三月期間被搬運至稻嶺國民學校，或是羽地村（現在的名護市）源河深山的大濕帶。我們可以推斷，最晚抵達大濕帶的御真影，應該是由志喜屋孝信班搬運的開南中學校的御真影。以下將從幾個案例，探討各地的御真影是如何被運送過來的。

南部糸滿國民學校的教師端山敏輝表示，自己在「十二月二十三日下午四點抵達學校，之後開了職員會，並接獲命令，要在隔天早上以御真影奉遷護衛的身分，出差前往羽地村稻嶺國民學校。」他於是在隔天一早出發，「抵達了羽地村稻嶺國民學校」。奉遷御真影的回程中，他寄宿在名護的厚養館，之後「於二十五日返回糸滿國民學校，將謄本交接給值班的平敷慶範訓導和泉川訓導，順利完成任務。」[21]

在可從那霸市看到的渡嘉敷島上，當時的警察職員比嘉喜順回憶道：「應該是在二月左右，我們將國民學校的御真影奉還至本島，我記得是縣廳下令執行的」、「我跟渡嘉敷國民學校校長、高等科的兩位老師，總共四個人一起保護好御真影，搭燒頭式引擎船前往本島。本島這個時候沒有公車可搭，我們於是沿路步行或想辦法搭便車，將御真影送至國頭羽地村源河的國民學校。」[22]

前面提到，新里清篤被永山督學委託擔任御真影奉護隊的副隊長，在這之前，他為了攜帶瀨底國民學校的御真影避難，選出五位高等科二年級生擔任守衛工作，一起將御真影奉遷至稻嶺國民學校。新里回想道：「十二月底某一天，我們要將奉護中的御真影奉遷至本島」，「我們得在完全保密的狀況下渡海。當時渡船上約有十位乘客，海面幾乎要高過船頭」，「只要任何一位乘客稍微動一下，船都會有瞬間翻覆的危險」，「我當時已經做好覺悟，為了善盡身為校長的職責，萬一渡船沉了，我就要抱著御真影跟這個世界訣別」、「當時隨行進行奉遷，協助挖掘奉護防空洞的是幾位區班長，分別為高等科二年級的仲松正林、仲田元厚、上間莊一、島袋盛慎、上間文盛。」[23]（底線為筆者所加）高等科二年級的年紀約為十三至十四歲。

筆者詢問其中一位仲松正林：「你當時真的像這段話所說，去挖了奉護的防空洞嗎？」他回答道：「我們沒有像新里老師說的去挖防空洞，我們到的時候，防空洞已經挖好了。」另外一位島袋盛慎也表示自己「並沒有挖防空洞。」[24]

另外，仲松、島袋等人也跟著新里兩度前往大濕帶，他們回想：「我們二月也去了大濕帶。印象很深刻的是，新里老師在（奉護）防空洞前大聲朗誦《教育敕語》，我們則立正站好，聽他讀完。雖然事後回想起來相當奇怪，但當時之所以要在深山裡這麼大聲進行朗誦，可能是因為當時是紀元節（二月十一日）。」[25]

據說，沖繩島北部本部半島內各國民學校的御真影，是以卡車回收後進行奉遷。屋部國民學校的教師山本厚昌說：「關於（帶著御真影）出發的時間，我不記得確切的日期，但應該是在十月的空襲之後。御真影共有四張（應為明治、大正、昭和天皇、皇后），我們將兩張疊在一起，用白色方巾包起來放進箱子裡，另外還放了《教育敕語》、關東大震災時的戊辰詔書，以及基於精神理由要求國民學校提振國民士氣的國民作興之詔書。[26]箱子是桐木製成的，我們像背柴火一樣把它扛在雙肩上」、「我們搭軍方的卡車繞行本部半島後前往源河的營林所」、「各學校派出一位奉護隊員背著御真影坐上卡車。」[27]從山本的證言可知，奉遷過程除了御真影之外，也運送了《教育敕語》和詔書。

孩子們眼中極機密的御真影奉遷狀況

御真影奉遷被視為極為機密的行動。那霸市縣立一中生仲地清雄（當時五年級）說：

「要將一中奉安殿的天皇、皇后照片搬運至國頭的時候，是由我將照片送到崇元寺派出所前的照片集中地點。」當時「藤野校長搭乘的人力車前後各有兩名學生，佩帶帶劍的刺槍，在森嚴的戒備中前往崇元寺」，「（校長）戴著白色的手套」，「將紫色綢巾包裹的照片舉到眼睛的高度。」然而，偶然路過的軍方將校看見這個畫面「便停下腳步敬禮，直到人力車通過為止，或許是注意到運送物品吧。照片集中至崇元寺派出所前，之後被軍方的卡車運往國頭。」[28]

集中至崇元寺派出所前的御真影裝上軍方的卡車後，抵達了稻嶺國民學校。金城良子當時就讀路途行經的羽地國民學校，她如此回憶軍方的卡車通過學校前的狀況：「某天士兵來了，說御真影要通過，叫大家去馬路上排好隊。就在御真影要通過大家排隊的地方時，我最小的妹妹Tomi（トミ）子就在列隊通過前跨到另一側。這件事情很嚴重，之後媽媽還被叫去巡查屋（派出所）。」[29]島袋德次郎（當時九歲）也記得這件事，回憶說：「她的父母被巡查（警察）叫去，引起很大的風波。」[30]

在御真影的目的地稻嶺國民學校，孩子們也被要求在校門口前列隊。校長的兒子阿波根直誠（當時五年級）回憶說：「有個像大保險櫃的東西，裝在軍方的卡車上被載過來（稻嶺國民學校）。我們所有小孩都被要求在校門口前排隊，站好迎接。」[31]對於北部（山原）的孩子們來說，極機密的御真影奉遷行動也是非常印象深刻的事件。

根據《地方自治七週年紀念誌》記載，「女子師範學校的大奉安庫被搬到稻嶺國民學校。」因此阿波根所說的「像大保險櫃的東西」，應該就是原本在女師及一高女的大奉安庫。實際向女師及一高女確認過後，校內也確實曾經有一個巨大而「像保險櫃的東西」。[32]

阿波根直誠說：「御真影被聚集到職員室的一個角落」、「由金城珍德老師和其他六、七名大人一起輪流看守。」學校的工友島袋良子（當時十六歲）則回憶：「不知道是怎麼搬進來的，但被放在職員室。」

據推算，沖繩島及周邊離島加起來，共有一百二十多幀的御真影被運送到稻嶺國民學校。

孩子們在奉遷中扮演的角色

孩子們為了將御真影奉遷至深山裡的大濕帶，被迫進行道路的修繕工作。三中生屋比久浩回想：「為了讓卡車可以通過進到大濕帶，我們被迫要修整道路，應該是為了可以將御真影放在大保險櫃裡直接搬運。」當時就讀羽地國民學校的嘉數基順（推測當時十三歲）則回想：「整隊之後發放篩網給每個學生，讓大家用手傳接土壤，距離大概有幾百公尺長。不確定四、五、六年級加起來共多少人，但是從源河一側開始傳接，我則在靠近有銘（聚落）的一側，搬運修整道路用的土壤。只靠田井等的孩子們（羽地國民學校學生）人數不夠，應該還另外動員了來自源河分教場以及屋我地島的孩子們。」[33]最終道路並未完成，而是由稻嶺國民學校的孩子們，將某個用白色方巾包裹起來的東西，從稻嶺國民學校走直線距離約七公里的山路，徒步搬到大濕帶。當時高等科二年級的宮城Nae（ナエ）（當時十四歲）回想道：「高等科一年級和二年級生四、五個人組成一班，從稻嶺國民學校走到大濕帶。不是走大路，而是翻過源河的山、渡過河川，抬著方巾包裹的物品向前走。」[34]

稻嶺國民學校設置的奉安殿中，除了御真影外，還存放有詔書（以及學生們的存款帳本）。前述山本厚昌（屋部國民學校教諭）的證言中提到了「詔書」，學生們搬運的應該就是詔書和資料等物品。宮城榮庄（當時六年級）說道：「我們在搬運之前曾經先去過奉護的防空洞，應該是想先讓孩子們記住路該怎麼走。」宮城Nae也表示：「有印象曾事先去過奉護的防空洞。」[35]

扛起御真影的少年

以三中學生身分成為奉護隊輔助員的屋比久浩（當時十五歲）回想：「（一九四五年）一月下旬，我們曾一度將御真影從稻嶺國民學校搬到大濕帶的御真影奉護所，又搬回稻嶺國民學校，到了三月因為美軍即將登陸，又再一次把御真影扛到大濕帶。」奉護箱的重量一箱有二十公斤，孩子們扛著奉護箱，在夜裡來回走了兩趟單程七公里的山路。

屋比久還提到：「一月下旬搬運時，我們靠著滿月的月光前進。當時渡具知武一同樣擔任輔助員，他也記得當時的月光。我們不能讓御真影直接碰觸到地面，休息的時候只能暫時靠在樹上。」我們請國立天文台調查一九四五年一到三月間的滿月時間，得知當天是一月二十八日，可知屋比久記憶中「一月下旬搬運」的時間點與事實相近。

前面提到大濕帶的縣有林事務所被改建成御真影奉護所，山本厚昌（屋部國民學校教諭）形容當時的樣子：「縣有林事務所把房間鋪成和室並清理乾淨，安放全琉球集中而來的照片，我想應該有超過一百幀。」[36]屋比久也回憶：「我們看到集中到這裡的御真影後相當驚訝。在六張榻榻米的房間裡，幾乎疊到天花板這麼高。看到一年只參拜四次（新年、紀元節、天長節、明治節）的御真影這樣成堆堆在山中小屋的房間裡，幾乎都要感動落淚。」[37]為了用作御真影奉護所，縣有林事務所鋪上榻榻米，整面牆上掛上白布，御真影則疊放在比地面高上一層的地方。

美軍登陸後，奉護隊和少年輔助員們發現「美軍不會在夜間攻擊」，為了保護御真影不受防空洞裡的濕氣影響，白天時會先將其搬進奉護的防空洞裡，晚上再搬回縣有林事務所（奉護所）。奉護隊的粟國朝光說：「每個人大概負責十個左右，先放進大木箱裡，再用白布包起來背著走。」[38]副隊長新里則說：「全縣的御真影如果要裝進桐木的奉護箱，大概可以裝成十八箱。我們以兩箱為一組包裝好，由九個人背著躲進避難防空洞，等到太陽下山再回到事務所（應指奉護所），每天重複這個工作。」[39]前面提過奉護箱「一箱重二十公斤」，兩箱為一組就有四十公斤重。

但另一方面，少年們卻不能進到奉護的防空洞裡。屋比久回想：「輔助員負責背著御真影數度往返縣有林事務所（奉護所）與奉護的防空洞之間，由奉護隊員在防空洞的入口接手，再將御真影搬進洞裡。」屋比久還提到：「奉護御真影的防空洞入口附近有個低谷，我們在對面的斜坡上蓋了兩個人勉強進得去的小屋，以看守奉護的防空洞。」然而因為美軍從名護登陸，往返奉遷御真影的工作並未持續太多天。

在山中擺盪的御真影

美軍登陸及進攻北部

一九四五年三月二十三日，美軍開始對沖繩島展開空襲和艦砲射擊，同時於三月二十六日登陸慶良間群島的阿嘉島、慶留間島、屋嘉比島。四月一日，美軍從沖繩島中部登陸後，奪取了日本軍官民一起建造的北飛機場、中飛機場，將沖繩島從中切分為中南部和北部，在中南部與日軍交戰的同時，也朝北部進攻。

多野岳及其周邊的山區鄰近奉護防空洞的大濕帶，有少年兵組成的護鄉隊潛伏其中。四月九日，美軍與護鄉隊交鋒，身處大濕帶的奉護隊員們也因而身陷危險。

奉燒明治、大正的御真影

四月初，美軍登陸名護後不久，奉護隊開始想辦法讓御真影更容易搬運。縣督學中山興真提到：「我記得是在四月九日，我們收到美軍進入羽地一帶的消息，緊急召開會議，判斷所處位置靠近路邊比較危險，便將御真影從底版上撕下，並決定將其他部分全部處分掉，當下馬上執行。」[40]屋比久則回憶：「御真影底版很厚，又是以和紙製成，重量相當重。一開始老師們將御真影的底版撕下來以後疊在一起。然而數量還是太多，沒辦法一個人搬動……」「於是我們決定奉護今上陛下和皇后，也就是還活著的人的照片，並把明治和大正等已經去世者的照片燒掉。這樣區分之後，才縮減成一個人拿得動的量。」他還說：「奉護御真影的防空洞上方是祀奉大山祇命的神域範圍內，我們在那裡挖掘長寬約六尺（約兩張榻榻米大小）、深度也約六尺的洞穴。一邊唱誦『海行兮』一邊流眼淚，把邊框和底版放進去埋起來。」奉護隊的粟國朝光也說：「我們將前代天皇的照片燒掉，（中略）箱子則埋起來或燒掉。」[41]

屋比久提及：「明治、大正天皇的御真影是由老師們在防空洞裡燒掉的。」他回憶當時的情況：「我們輔助員沒有辦法進到防空洞裡，沒辦法看到它們最後的樣子，但老師們在防空洞裡焚燒時煙非常濃，好幾次出來呼吸之後才又進到裡面去。」另外，《地方自治七週年紀念誌》則寫道：「焚燒工作訂在夜晚、在防空洞裡隱密執行，防空洞的深度很深，空氣極不流通，因此焚燒工作相當困難，也花了很長的時間，進行了大概八小時左右。到了破曉時分好不容易完成時，所有奉護員幾乎都快要窒息了。」直到現在，奉護御真影的防空洞深處仍有人工挖掘的正方形小房間，土壁上還看得到黑色的煤煙痕跡。

二〇〇九年一月，筆者有幸與前沖繩縣立博物館暨美術館館長安里進（考古學家）一起進到奉護御真影的防空洞裡。當時安里對筆者說：「看起來有把煙煤剝下來的痕跡。」可以推測御真影奉燒工作「極為機密」，奉護隊甚至想將燒痕抹除。

來回擺盪的御真影

焚燒明治及大正天皇的御真影後的四月十日，三中生奉護隊輔助員接到解散命令，只留下了屋比久和同年級的同學渡具知武一兩個人。奉護隊也放棄奉護御真影的防空洞，前往相隔一個丘陵的山中。

新里清篤表示：「四月十日，我們冒著剛好下起的大豪雨，跨越一座山谷，往更深山的東村有銘國民學校的敕語奉安小屋移動。」[42]屋比久說：「往深山前進後有一條小河，對岸則是有銘國民學校氣派的小屋。」「縣有林事務所的職員另外將奉護所（縣有林事務所）的門板拆下來，在小屋東側靠山處及西側靠山處蓋起小屋，在三間小屋之間來回。」

有銘國民學校氣派的小屋，指的是有銘國民學校自己用來藏放御真影的奉安所。十十空襲後，有銘國民學校動用當時高等科一、二年級的孩子們，在大濕帶的山裡建造藏放御真影用的奉護所。奉護所在一九四五年一月下旬已經建成，由校長島袋朝穩一家人及教師座間味朝子（現姓新里）等人奉護有銘國民學校的御真影。[43]

整疊御真影被收在像背包的奉護囊裡，在有銘國民學校奉安所及其東側、西側的小屋之間擺盪了八十天左右。八十天裡每天都必須考慮糧食的問題，跟奉護隊一起行動的中山興真回想：「糧食相當匱乏，一天只能吃兩餐稀飯，後來還得採杪欏的芯來吃。」[44]新里朝子說道：「我跟新里一起去有銘和慶佐次採集食物。金城珍德老師是東村出身，特別努力奔波尋找食物。」[45]屋比久則說：「因為有珍德老師幫我們找來足夠的糧食，我們才能得救。」

奉護隊每天為了確保糧食充足四處奔走，執行御真影奉護的任務，同時還要堅持「禮拜」。屋比久說：「奉護囊（御真影）每天被掛在小屋的東側，我們每天早上都對奉護囊雙手合十。」中山興真也回憶：「（撕掉底版）隔天在深處蓋好小屋以後，我們每天早上都將重量減輕的御真影袋子用樹枝掛起來，以祈求勝利。」[46]另外，奉護隊的伊集盛吉也提到：「四月二十九日天長節，我們在美軍的追擊之下依然舉行了拜賀式，並唱誦『君之代』。」[47]

奉燒昭和天皇的御真影

到了六月下旬，沖繩島南部的戰況傳到奉護隊耳中。奉護隊的喜友名說：「鄰近的多野岳有日軍，他們手上有無線對講機，因此有沖繩的戰況傳來。」新里也提到：「《沖繩新報》總務部長上地一史先生（後成為《沖繩時報》社長）當時疏散到離奉護所約四公里外，俗稱 Tanuwatai（ターヌワタイ）的地方，我們拜訪他以獲取情報。」[48]他還說，得知「沖繩的戰鬥已經結束的消息」也是拜上地所賜。另外，目前也已經確認大濕帶的山裡有警察駐守，會和偵察員、日軍及護鄉隊交換情報。在大濕帶的山裡，要接收到沖繩島南部的戰況消息並非難事。

六月下旬，第三十二軍司令官牛島滿及參謀長長勇自盡的消息傳來，奉護隊針對該如何處置御真影展開討論。喜友名說：「隊員間針對御真影該如何處置，包括是否解散奉護隊、要保護或焚燒御真影等，花了兩、三天進行討論。」新里清篤則回憶：「六月二十九日我聽他（上地一史）說，他從護鄉隊長村上上尉那裡接到牛島軍司令官、長參謀長自刎及沖繩戰結束的正式報告，我向渡嘉敷隊長報告後，訂於隔日三十日焚燒御真影。」[49]

屋比久等御真影輔助員沒能現場參與今上天皇、皇后御真影的奉燒工作，而是從遠處觀看。根據他們的回想，「奉燒是在有銘國民學校奉護所前的小河邊進行。」根據《地方自治七週年紀念誌》記載：「除了所有奉護隊員、志喜屋、仲村兼信之外，渡嘉敷隊長的母親和夫人於奉護期間也協助奉護員日常起居到煮飯等大小事，共同完成任務，她們也跟大家一起遙拜皇居，齊唱國歌，結束後由渡嘉敷隊長親手在一張御真影上點火，直到所有御真影燒完為止，大家哽咽的聲音和滑落臉頰的淚水，想必是眾人永生難忘的回憶。」奉護隊員山城龜延也說道：「每個奉護員一起啜泣的哭聲和滑落臉頰的悲痛淚水，現在仍然鮮明地刻在我腦中，一輩子都無法忘記。」[50]

沖繩自一八七九年開始的皇民化教育，可謂在此終結。

投降的奉護隊員

御真影奉燒後，奉護隊便解散了。由於屋比久是跟家人一起來到大濕帶，解散後就回到家人身邊，並往源河一個名叫 Hajiusui（ハジウスイ）的地方前進。我們可以從他的母親屋比久和的手記裡窺看當時的情況：

戰況不斷惡化，迫擊砲終究還是打到了附近的山中。才剛聽到碰的一聲，砲彈的碎片便咻咻地穿過樹葉飛到附近。收到沖繩守備隊玉碎的消息後，奉護隊也決定解散，大家三三兩兩各自分開，我們也決定下山。我們讓浩背起剩下的糧食，我則將家具用品扛在背上，大病初癒的爸爸則背著進，動身尋找源河地區一個叫Hajiusui的地方，聽說妹妹——松在那裡避難。雖說是七月夏天，我們讓浩穿上爸爸摺短後的和服夾衣，爸爸和我則穿冬天的睡衣，在山路上上下下後才終於抵達。那時候勳才六歲，進才剛滿兩歲。

根據屋比久的回想，「之所以將和服摺短後穿在身上，是為了讓美軍看了以為是小孩子。」不久後，屋比久家就與待在Hajiusui的一大群避難居民一起下山。奉護隊的喜友名朝龜回憶投降時的情況：

六月三十日，我們燒掉了御真影，但大濕帶附近也聚集了許多避難居民，找不到方向四處徘徊，成為美軍迫擊砲激烈攻擊的目標。就在這時，源河部落有美軍憲兵隊駐紮的消息傳開，於是奉護隊便派出兩位代表與美軍交涉，希望對方能停止攻擊。我被大家拜託擔任代表，沒辦法拒絕，於七月四日沒帶投降旗就下山，靠著夏威夷的二代沖繩人口譯，向憲兵隊請求停止攻擊。對方則表示，自己沒有權限對發射迫擊砲的陸戰隊發號施令，要我們害怕迫擊砲的話乾脆直接下山。大家因此決定直接下山，我本來沒有打算投降，但家人們表示不願意讓我一個人留在山上，請我無論如何先下山再說。志喜屋老師及渡嘉敷老師等人也一起下山了。

有關向美軍投降的狀況，其他記載則寫道：「奉護隊副隊長新里清篤，（中略）於七月四日下了山。」[51]可判斷御真影奉護隊員及相關人員在這個時期下山後，聽從美軍的指示進入了平民收容地區。

被迫站上戰場的教師

殉職的校長

前段已經提及與鐵血勤皇隊及女子護理隊一起行動而犧牲的校長及教師人數，在此將說明與御真影相關的殉職事件。

在距離沖繩島西側約七十三公里處的粟國島上，粟國國民學校校長比嘉盛義為了將御真影奉遷至縣廳，於一九四五年二月二十二日左右，攜帶御真影和《教育敕語》，搭上村營船陽久丸出發，之後校長便失蹤了。[52]另外，八重山群島鳩間島上的鳩間國民學校校長宇江城正喜，則是在奉遷《教育敕語》的途中遭遇美軍空襲而喪命。[53]美軍登陸沖繩三天前的三月二十八日，金武國民學校遭受空襲，糸滿盛弘校長擔心空襲愈來愈嚴重，便將御真影從奉安室搬出，他在走到運動場後方的農場時，遭遇美軍格魯曼戰鬥機的機槍掃射而喪命。[54]

另一方面，也有一些御真影在空襲中獲救。國頭村的楚洲國民學校在三月二十三日清晨遭美軍襲擊，教師所谷清子如此描述當時的狀況：「楚洲部落在空襲中被徹底轟炸，學校也陷入機槍攻擊的槍林彈雨之中。男師（沖繩師範學校）一年級的島袋正一被煙煤熏得一臉漆黑，抱著御真影前來（避難小屋）。他說他和校長兩個人一起，才成功把御真影和重要資料搬出來。」[55]島袋正一（師範學校一年級）當時為了取得父母蓋章同意自己入伍，而返回了故鄉楚洲，隔天島袋就回到學校，加入鐵血勤皇隊上戰場後戰死，死時十五歲。

戰爭時期教師的角色

如同前述教師的指導綱要《決戰教育之經營》所記載，戰爭時期學校裡不但無法進行課程，老師還得率先動員學生建造陣地、增產糧食。當時擔任羽地青年學校女學生的教師大城幸子提到，為了建造伊江島飛機場，「不分男女老幼，下至小學生都被徵用。」她也率領七十位左右的十五至十六歲的女學生，參加建造伊江島飛機場的工作。伊江島飛機場的興建工作每次徵用時間為兩星期，每天的工作量繁重，配發的伙食卻相當少，住宿環境也幾乎跟畜舍沒兩樣。[56]

以兼次國民學校為駐紮本部的第四中隊的陣中日誌則記載：「（一九四四年）八月十

五日星期二天氣晴。（中略）大隊本部八點起接管分配到的作業協力隊員及學童共兩百人。」「八月十七日星期四天氣晴。日本兵有一百零七人，作業協力隊員有七十九人，學童有九十一人。各小隊的士兵照常建造各掩體，協力隊員及學童則建造交通防空洞。」根據陣中日誌記載，八月十五日至三十日這十五天當中，累計的徵用人數為協力隊員一千九百八十七人、學童一千七百六十三人，總共是三千七百五十人。[57]許多經歷戰爭者都在證言裡提到，自己「每天都在挖防空洞和建造陣地」，從這個數字也可以看出端倪。教師們積極協助動員學童，並為了交出軍方要求的人數，多次動員同一批學生。

不被允許疏散、離職的教師

女性教師除了率領學童疏散之外，不被允許跟家人一起疏散至日本本土或選擇離職。她們大多和家人一起在戰場上四處徘徊，或疏散到北部。

八重山支廳針對各校校長發出以下的通知：[58]

總親第二二三號

昭和十九年八月二十八日

八重山支廳長

各町村長
各町村農業會長
各國民學校長　殿
各青年學校長

因遣返及疏散而離職之相關事宜

有關縣職員以遣返及疏散為由之離職事宜已決議如下

貴校亦準用上述處置故發布此行政通知

記

在緊迫時局之下縣府職員應對其重大程度有所自覺，須以堅毅不拔的信念指導縣民，此時應絕對排除縣府職員以逃難為目的之疏散，原則上不承認以此為由離職。

但高齡者或女性職員有不得已之理由者得予以承認。

以上

縣政府透過支廳向全縣轄下的學校發出以上通知。由於許多男性教師已被送上戰場，本通知設定的主要對象為高齡教師及女性教師。要是沒有充分的理由，女性教師不被允許疏散至縣外或選擇離職。

日本本土御真影的結局

最後，想簡單討論如果日本實際發生本土決戰，全國各地會以何種態勢奉護御真影，以及御真影在戰後受到怎樣的處置。

如前所述，文部省針對全國各學校發布《學校防空指針》，尤其在主要地區，御真影的疏散行動其實已經開始進行。小野雅章提到：「《學校防空指針》發布後，東京、京都、名古屋等主要城市，開始計劃集體奉遷以奉護御真影，東京都轄下三十五區的國民學校、中等學校將御真影集體奉遷至西多摩郡轄下的四間國民學校。」[59]

在那之後，美軍在各地加強空襲火力，全國人民也了解到戰局已經惡化，日本戰敗前，美軍更在廣島及長崎投下原子彈。小野認為「日本已經深陷滿目瘡痍的狀態」，「而薄薄一張照片卻遠比人命更受重視」，並以原子彈投下後，廣島工業專門學校校長北澤忠男向文部大臣太田耕造上奏的「御真影奉遷一事之報告」（八月十六日）作為根據。[60]

根據報告中記載，御真影在原子彈投下前，被安置於廣島縣安佐郡伴村的伴國民學校的奉安殿中。北澤表示：「此處為敵軍戰機空襲地點，因此本校奉戴之御真影肖像已於七月二十一日獲廣島縣知事許可，奉遷至下述安全地點奉護且無異狀，謹此報告。」小野斷言道：「戰爭期間仍優先考慮御真影更甚於人命」，「這正是御真影『奉護』最終極的樣貌。」[61]

如果當時美軍也登陸日本本土進行地面戰，各校的校長、教師恐怕也會跟沖繩陷入一樣的情境。

一九四五年十月至十二月間，同盟國軍為將軍國主義教育、國家神道排除於學校教育之外，發表了有關教育的「四大改革指令」，其中「神道指令」一項即包含御真影及奉安殿。

佐藤秀夫認為：「要說學校的御真影，穿著陸軍大元帥大禮服的天皇照片，不僅不符合日本無條件投降後，軍方全面解除武裝後解散的狀況，更有讓人想起天皇作為大元帥的責任問題的風險。」他還提到：「宮內省於一九四五年十一月，伴隨天皇制的修正，以服裝制度換新後須更換照片為由發布了次長通知，回收以往的大元帥大禮服照片（御真影）。十二月文部省接獲通知後，通知地方首長應奉遷學校的御真影，並於隔年一月一日起禁止於學校儀式中奉揭既有的御真影。」[62]宮內省就這樣以讓天皇從「大元帥大禮服」換穿為「御服裝」為由，要求全國奉遷御真影。

佐藤還提道：「公私立分校由道府縣負責，官吏分校則由文部省負責，各自焚燒御真影」、「發布指示要求在奉燒時『有鑒於眼下國內情勢，當應秘密執行，並於實行時維持鄭重莊嚴，不應輕慢』（一九四六年一月宮內次長通知）」、「如在府縣廳後方空地挖掘深穴，在洞穴內秘密焚燒，盡可能以不顯眼的方式進行。」御真影集中奉燒後，換穿「御服裝」後的御真影也並未回到各級學校裡。

第五章

戰爭孤兒的戰後

沖縄戦の子どもたち

戰爭孤兒處置的實際狀況

戰爭孤兒的起點

一九四五年四月，從沖繩島中部登陸的美軍，當下就建立起美軍政府，將佔領的日軍飛機場改建為用於日本本土決戰的美軍飛機場，同時將日軍逼退至南部，並在北部設置平民收容地區，強制收容在中南部戰場上徘徊的避難居民。

八月底日本戰敗時，美軍在十二個平民收容地區的總收容人數約為三十三萬人，其中與家人在一起的小孩為了領取美軍配發的飯糰，逐漸進到收容地區設置的簡易學校及青空教室[1]。據推測，美軍當時設置學校的目的，是為了防止孩子們央求父母或親近的親戚後，再次踏上戰場。

之後，學校教育在美軍政府的指導下，採用初等學校八年、高等學校四年的八四制度（一九四六年），平民收容地區裡的學校也正式開課，有許多孩子們開始上學。此外，鐵血勤皇隊及女子護理隊活下來的少年少女們，初期也進到當時稱作「High School」的高中就讀。

另一方面，多數成為戰爭孤兒的孩子們則被親戚及過去的鄰居帶走，當成勞動力使用。一九五〇年後的三年之間，在南方聯絡事務所（總理府[2]的附屬機關）工作的馬淵新治提到：「尤其在日美談和[3]公布前，沖繩縣民苦痛的深刻程度，實為日本本土難以想像」[4]，而縣民當中，戰爭孤兒又屬少數，也沒有資料顯示美軍政府或日本政府、琉球政府曾經提供任何額外協助。戰後的戰爭孤兒，過上了不同於沖繩戰期間的淒慘、悲壯的生活。

無從計算的戰爭孤兒

前言中提到，被捲入沖繩戰而喪命的戰歿者人數至今仍然不明，當然孩童的死亡人數也無從得知。不僅如此，沖繩戰後出現的戰爭孤兒人數也無法確定，原因究竟為何呢？

以下將把視野擴大至日本全國來討論。

二〇二〇年，筆者有幸參與編輯出版《戰爭孤兒的戰後史一：總論篇》一書，同為編者之一的淺井春夫提到：「當時的厚生省於一九四八年九月二十日曾發表一份名為《全國孤兒統一調查》的資料，總計人數除去沖繩縣後共有十二萬三千五百一十一人，但數字與各都道府縣發表的數字總和不符，詢問現在的厚生勞動省後，對方表示當初的原始資料已經不見了」，指出國家的資料管理錯誤百出。

敗戰後，日本政府實施的戰爭孤兒保護計畫稱為「保護育成的方法」，沿襲敗戰前一九四五年六月制定的「戰災遺兒保護對策要綱」，內容包含：（一）委託個別家庭保護、（二）斡旋收養、（三）集體保護（養護設施）等三項。淺井指出：「（一）、（二）項未能具體執行，最後只能仰賴第（三）項，但實際上集體保護的資源並不充足」，設施數量本身就徹底不足，全國十二萬多位孤兒當中「可收容人數上限甚至未達人數的十分之一。戰爭孤兒勢必成為『流浪兒童』。」5

由美軍管理的孤兒院

沖繩還在地面戰期間，美軍政府就在十二處平民收容地區設立了十四個孤兒院。然而，有關人數和院內的狀態，完全找不到美軍方面的記載。淺井春夫認為：「可能是美軍想隱瞞自己疏於照顧的政策。」

美軍政府所設置的孤兒院內的情況，要等到當時住進孤兒院的當事人述說證言才較為明朗。曾經待過田井等孤兒院的座霸律子（當時十三歲）回想：「孤兒院有六十位到七十

圖十：1945年6月29日，田井等收容地區的孤兒院。（沖繩縣公文書館典藏）

位兒童」，六月二十三日以後「被帶過來的小孩們大多快不行了，很多都是嬰兒、幼童、瘦弱的孩子、受重傷後被帶來的孩子，還有連自己的名字都不知道的孩子」、「雙腿被子彈射穿沒辦法走路，只能整天坐著」、「那些孩子們抵達的時候全身赤裸」、「我們讓這些孩子們睡在屋緣的走廊上，隔天大多都死掉了。」[6]另外，當時參加姬百合學徒隊被美軍抓到，在Koza（コザ）[7]孤兒院照顧孩子們的津波古Hisa（ヒサ）（當時十七歲）則提到：「第一天，我安撫孩子們入睡，完成當天的工作，隔天早上看到孩子們嚇了一大跳。我明明睡前已經幫他們把身體擦乾淨了，醒來之後卻從頭髮到臉上、手腳和身體，全身都沾滿大便」、「孤兒院的工作是每天早上先徹底將大便清乾淨，之後給孩子們吃飯並照顧他們一整天，然後隔天再次迎接可怕的早晨。」[8]

敗戰後不久的一九四五年八月二十日，沖繩在美軍政府管轄下，以戰後第一位知事志喜屋孝信為首，開設了十五人參與的沖繩諮詢會。沖繩諮詢會的工作是擔任美軍政府與居民間的橋梁，為相關的行政工作鋪路。之後沖繩諮詢會改為沖繩民政府（一九四六年四月），並成為以後的琉球政府。

沖繩民政府（包含志喜屋孝信共十八人）時期留下了會議記錄。會議記錄當中記載軍民聯絡會議的內容，形式為民政府回答美軍政府高官的質問，例如在一九四六年五月八日的經濟小委員會中，軍政府詢問：「昨天社會事業課長會議中的重要議程為何？」又吉康和委員則針對孤兒院相關事項回答：「要節省養老院、孤兒院的費用，將現行的十一所縮減為五所。」[9]而針對軍政府提問「養老院、孤兒院的預算由誰負責？」又吉又回答：「養老院、孤兒院的預算是由總務部編列，由軍政府負擔。」[10]淺井春夫認為，管理者「終究並未追求孩子們福祉的發展，而只是更有效率地推動集中管理的政策」[11]，戰爭孤兒為了成人社會的方便被集中處理，戰後的路只能愈走愈窄。

同一年六月二十八日的議事錄中，軍政府提問：「孤兒院、養老院的糧食是否維持現狀（依據軍政府的指令減半配給）即可？」。志喜屋孝信則回答：「普通配給時沒問題，但減半後相當不足。」[12]

《Uruma新報》（うるま新報）的報導（一九四六年八月二日）中，也提及當時糧食配給減半的情況：

〈運動場種甘藷　Koza孤兒院的糧食對策〉

我們問院長「糧食減半想必造成很大的困難吧？」院長則表示：「大家都越來越瘦弱了。為了六十三個孩子的性命不得不想些辦法，因此我們計劃將這一千四、五百坪的土地大部分轉作耕地，種植甘藷和野菜。」仔細一看，整個運動場幾乎長滿甘藷，只剩下溜滑梯、盪鞦韆和單槓等周圍可以使用。（Koza報導）

對孤兒院的孩子們而言，軍政府將糧食減半是生死攸關的問題。

過了一段時間，在一九四九年二月二十五日的例行部長會議中，安次富部長在「救濟指令報告」項目的運營費用部分提到：「醫院、養老院、孤兒院八成由軍方負擔，兩成由民政府負擔」[13]，孤兒院逐漸移交給民政府管理。

琉球政府的戰爭孤兒調查

一九五二年四月，日本和美國兩個政府間簽署的《舊金山和約》生效，沖繩基於「琉球列島美國民政府布告第十三號」創設了琉球政府，並於隔年十月公布比照日本本土的《生活保護法》，十一月則制定《社會福祉事業法》。

根據《生活保護法》公布前三個月，琉球政府文教局調查課整理的孩童相關資料，在宮古島、八重山以外的沖繩本島及周邊離島，失去雙親的兒童、學生數為四千零五十人，失去母親的兒童、學生為二千八百五十人，失去父親的兒童、學生為一萬三千八百人。[14]另外，根據琉球政府社會福祉課的調查（一九五四年一月三十一日），未滿十八歲的戰爭孤兒在沖繩島上約有三千人。兩份報告書顯示戰爭孤兒約為三千人到四千零五十人之間，但從巨大的人數差異，以及石垣島、宮古島的人數未反映在數字中，可知當時美軍政府、琉球政府並未進行全面性的調查，有許多戰爭孤兒被遺漏。戰後的琉球政府被與日本國切割開來，走上自己的道路，然而行政、法律的施行方式及制定都比照日本本土，沖繩戰出現的戰爭孤兒也因此走上與前述日本本土相同的道路。

從證言看戰爭孤兒的戰後

抱著妹妹活下來的少年

戰後針對沖繩戰後出現的戰爭孤兒調查發現，許多戰爭孤兒無處可去，只能：（一）成為流浪兒童；（二）進入孤兒院；（三）由親戚收養。其中又以由親戚收養的孩子居多，收養的理由則多為想充作勞動力使用。接下來我們將從證言看他們戰後的生活情況。

首先介紹上間幸仁（當時十二歲）的證言：

我的爸爸被徵召從軍，在中國戰死了。沖繩戰的時候，一起行動的家人有媽媽、小阿姨、我，以及三個月大還是嬰兒的妹妹Hiroko（ヒロコ）。

我們遭到美軍的艦砲射擊，媽媽被直接擊中後身亡，媽媽死的時候，嘴裡還不斷念著我們這些小孩該怎麼辦。這件事發生在四月二日，那時候小阿姨也死掉了，我就抱著妹妹Hiroko，思考應該逃去哪裡，之後去了聚落裡大家避難的地方。

抵達之後，那裡聚集了大約一百三十人，進去後妹妹因為實在太餓，開始哭了起來。旁邊的人於是對我們說，被美國人發現的話大家都會被殺掉，所以「請你把嬰兒殺了。」我還在想我不能親手殺掉自己的妹妹，就有兩三個人跳出來說「你不殺的話我來」，都是大人……。我想我們不能繼續待在這裡，想找個沒人的地方，正好古墓的入口開著，我們就進到墓穴裡面去。Hiroko一直哭個不停。那時候下著小雨，墓前祭祀用的碗裡裝了水，我用毛巾沾裡面的水，放到Hiroko嘴裡讓她吸著喝。可是她雖然剛開始還吸了幾口，不久後就不再吸了，我在墓穴裡對死去的媽媽哭喊著：「如果真的有死後的世界，請您把這個孩子帶走吧」，整個晚上我都一邊說「妳來把他帶走啦」，一邊哭泣。

隔天早上，我走出墓穴外找來一些薯類，弄軟之後放進碗裡，鋪上毛巾後壓碎，讓汁液沾在毛巾上。我想裝進瓶子裡Hiroko可能會喝，但她根本不喝。

接著我想聚落裡可能還有人，想找人幫忙餵母奶，那裡只剩下一個女生，我便拜託她。這位女生說：「你媽媽很照顧我，我也很願意幫你餵母奶，但我也沒吃東西，擠不出乳汁來」。

她對我說「對不起」。Hiroko剛開始一直哭，後來就不再哭了。圓圓的臉變得尖尖的，肚子則脹了起來。大約一個禮拜之後死掉了。死的時候臉消瘦下去，眼睛變大，肚子鼓鼓的。

我的爺爺一直活到戰後學校開學的時候。爺爺還活著的時候，我去學校上了一天的學，結果第二天爺爺就死掉了，我沒辦法再上學，由M家代為照顧我。他們家雖說是我們的親戚，但又不太算是親戚。家裡光小孩就有六個人。也有跟我同年的孩子。我本來以為他們家的人會叫我去上學，但卻不是這樣。他們對我說「你不用去學校」。從那之後我就一直在忍耐。從早到晚一天要幫牛和山羊除三次草。我還去幫忙其他家庭並領到一些打零工的錢，但錢全都被那家人拿走了。

有件事我現在回想起來還是很不甘心，沖繩的聚落有各個聚落自行約定好不用下田的「休息日」。我不知道這件事，他們叫我去種田我就去種田，當時旁邊一個人也沒有……。就只有我一個人在田裡。就只有我而已……。我哭得很慘。很不甘心……。

在那之後只要有人拜託我，我都會答應。別人不做的事我也會主動去做。別人不做的事，就算拿不到錢我也會做，我也因此學會如何照顧牛和馬。

在家裡我只能吃剩下的食物。大家吃飯經常剩下，我便會吃掉他們剩下的食物。有些時候大家吃白飯，我卻吃薯類。睡覺的地方也很不固定，通常睡在房間的角落，睡在各種地方。

因為爸爸是戰死的，每年可以拿到一次遺族年金。這些錢也全部被那家人拿走了。滿十八歲沒有遺族年金之後，我只能被迫搬出去，之後搬去了那霸。

我成為木匠的助手，也不管領不到薪水，只求有飯可吃。我在三、四個師傅底下工作，開始將成為木工師傅當成自己的目標。

有一次我要考建築相關的國家考試，去只上了一天學的學校，請校長給我畢業證書。校長說我不是這間學校畢業的，不能發畢業證書給我。我跟他說，你要發給我，我才能報名考試，沒有畢業證書我什麼都做不了……。不久之後，我就接到校長的電話領到畢業證書，也報考了國家考試。術科考試相當簡單，但我為了念學科買了用語集和參考書，還是完全看不懂。到現在我的內心還是很想學習，現在還想回去學校上學。

我結婚了，也生了小孩，小嬰兒很愛哭。每次聽到小嬰兒的哭聲我都會想到我妹妹Hiroko，所以每次我都會跟老婆說，讓小孩「別再哭了」。[15]

自幼失去雙親的姊妹

接下來介紹成為戰爭孤兒的一對姊妹的對談：

宮城道代（當時四歲）：我到小學二年級，都不知道自己的出生年月日。老師問我的時候我回答不出來，當時的班導長操老師才去公所幫我查。

外間Hisa（ヒサ）子（當時六歲）：我聽叔母說，我出生的時候應該是夏天。之前曾經聽說「不是十二月」，我以為是這樣判斷的。小時候叔母負責照顧我，她說那段時間是夏天。

Hisa子：爸爸出征在外，所以戰爭期間家裡只有三個人。我們的媽媽叫Hide（ヒデ），她是溺水死的，事情發生在戰後不久的一九四六年二月，這也是戰爭害的。

道代、Hisa子：我們連母親的臉都不記得，對於曾經跟父母一起生活過完全沒有印象。以前我們住在屋我地島，媽媽說爸爸可能打完仗要回來了，「得幫他準備毯子。」記得當時媽媽正把各種東西裝進稻草袋（稻草蓆作成的袋子），我們怕孤單，還對媽媽說「不要走，不要走」。只記得那時候是一大早。

Hisa子：媽媽搭的那艘船超載了，遇難之後死了將近十個人，遺體被帶回陸地後排在海灘上，我記得我有看到。之後遺體又被搬運到距離五、六公里外的公民館[16]，人都已經死了，還為了自我安慰幫他們做了人工呼吸，但完全沒用，到急救為止我都還有記憶。媽媽當時是二十六歲。

道代：我也記得遺體當時被排在公民館前面，還做了急救措施……。當時死了很多人……。媽媽去世之後，我們被伯父接走，我們稱呼那家的男女主人為爸爸和媽媽。我睡在奶奶那裡，在親戚家吃飯，在好幾個地方來回。Hisa子上小學一年級之後，因為可以幫忙工作，被送去媽媽那邊的另一個親戚家。

Hisa子：接走我的家庭有五個兄弟姊妹，我比他們年紀都大。我是被接過去工作的。工作很辛苦，我們得拚命完成大人做的工作。

道代：工作量可能還超過大人，從種田到照顧小孩都得做，五個兄弟姊妹年紀小很多，所以Hisa子還要幫忙帶小孩。Hisa子自己也是小孩，但其他幾個小孩生病的話得帶他們去醫院。記得有一次，Hisa子說要去醫院，先是走路，後來搭船到沖繩島的羽地村，要從對岸回來的時候沒有船，她還哭了。

Hisa子：那大概是小學四、五年級的時候。我經常一方面要顧小孩，一方面要帶家裡的小孩渡海去羽地村的醫院，要搭船還要走路。船會先停在中途蓋滿墳墓的無人島——奧武島，要從那裡再搭另一艘船，單程就要搭兩次船。中間的島是無人島，而且都是墳墓，我們當天到那裡的時候，渡船已經結束營運了，都沒有船，我們被丟在一片漆黑當中，真的很可怕。我哇哇大聲哭叫，對岸有一個不認識的大叔發現，划船回來載我回去，真的是一輩子都忘不了的經驗。

道代：三年級的時候，我才跟Hisa子（當時小五）一起生活。在那之前她在哪裡怎麼生活，我到現在還不太清楚。

Hisa子：我有一次得了百日咳，自己一個人忍受病痛，我那時候大概六歲，不知道那時候妳在哪裡。……我都從早上就開始工作，得先去距離很遠的湧泉取水（做豆腐用的水），料理好根莖作物才能去上學。一大早先把根莖作物煮好，把豆腐作成一鍋，再移到煮好的根莖作物裡。之後還要把豆腐鍋洗乾淨，否則就不能去上學。

道代：我都早上四點半、五點起床，沒有柴燒的時候就燒松樹葉，想其他的辦法。從學校回到家之後還要做一些雜務。

Hisa子：所以同學在玩的時候，我都在河邊洗衣服，完全不能玩。我不記得五年級為止自己做了什麼，只記得那時候都是一個人一直忍耐。下雨的時候不能去撿柴火，改去海岸把林投樹的樹葉拖回家用，還要煮豬的飼料。

道代、Hisa子：根本沒時間念書、沒有辦法念書。

道代：我們只是形式上有去上學。從學校回來之後，要去已經採收過一次的田裡，採剩下來比較小的薯類，自己煮成燉湯。

Hisa子：什麼都要撿來自給自足，非常辛苦，沒有一餐好好吃飽。

道代：Hisa子在中學畢業後，寄住在中學的石川老師家幫忙家務一年左右，這是為了減少在家吃飯的人。每次被養父母罵的都是Hisa子，她幫我擋著，我才沒有被罵。

Hisa子：可以活下去的話做什麼都好。我升上中學時，曾經有好多次想死。我不確定七、八歲的時候有沒有這樣想過，但上中學之後曾經這樣想。每次看到班上同學跟父母感情好就很羨慕，我連父母都沒有。

道代：我懂……。

Hisa子：因為實在太苦，我曾經有幾次想用毛巾上吊，但現在回想起來覺得沒什麼。

道代：我們是碰巧身體健康才活下來的，因為都沒有生病才能活下來。

Hisa子：我從中學三年級開始，經常要扛著剛做好的豆腐出門。養父母不能出門叫賣的時候，我就抬著豆腐出去，問大家「要不要買」，必須找到願意跟我們買豆腐的人家，當時真的很痛苦。因為做過太多工作，根本不記得自己具體做了什麼。……我應該是十八、九歲的時候，開始在土木工程公司工作。在廚房煮二十人份的飯，領兩塊錢美金，每天幫忙洗衣服或做其他雜事，什麼都做。

道代：這時候我還是高中一年級。

Hisa子：她讀的是沖繩縣立那霸商業高校。

道代：我連那霸是怎樣的地方都不知道，就考上了那霸商業高中。那之後非常辛苦，不知道要住哪裡。有一個堂（表）姊跟Hisa子同年，她的弟弟則跟我同年，那時候，我們就三個人一起，在開南（位於現在的那霸市）的基督教會樓下一個四張半榻榻米的房間生活。睡覺的時候姊姊躺在中間。現在回想起來非常辛苦，因為沒有浴室，我記得有時候會去附近的澡堂，或是深夜去跟房東借工作場所附設的淋浴間。租金是四美金還五美金左右。早上起床也沒東西吃……，瘦到剩下三十九公斤。到了一年級的第二學期，另外兩個人搬出去住，剩下我一個人。

Hisa子：她那時候真的瘦很多。

道代：一開始我找了縣裡銀行的工作。商業高中的學生都去應徵縣裡的銀行，我跟著大家一起應徵，卻落榜了……。有一天，我被叫去校長室，校長說：「你第一關、第二關、第三關都通過，卻在第四關落選了。因為你沒有父母，這也沒辦法，這就是人生吧。」我受到很大的衝擊，沒想到沒上榜是竟然是因為沒有父母。之後我考上公務員考試，被屋我地郵局錄用，這是一切的起點。起薪是三十四塊十分美金，以那時候來說很多。我完全忘不了，其中的三十美金都給了養父母。17

清楚記得戰時情況的少年

最後分享外間龜吉（當時八歲）的證言：

戰爭粉碎了我的一切。美軍從首里打過來。家鄉的人是在美軍從首里打過來時，才開始逃難的，在打來前一兩天，才四散到各地避難。

父母還有我在內的三個兄弟姊妹，總共五人要逃離家鄉。一開始我們在一個叫Fuchiyama（フチヤマ）的大型天然洞穴裡待了四、五天。日軍進來後對我們說「請你們出去」，把我們趕走。之後我們抵達一個叫阿波根的聚落，在村裡的小馬廄又待了四、五天。某天中午左右，爸爸說他要去做晚飯，過程中產生炊煙，被美軍的蜻蜓戰機發現，受到集中攻擊，連艦砲也射過來，此外也受到首里打過來的美軍攻擊。

馬廄的屋頂整個飛走，我們四處遊蕩，逃進附近一個積水的防空洞。我那時候受了傷，傷痕到現在還在。姊姊眉毛的地方也受了傷。

美國人帶著鐵砲來找我們，但沒有找到，非常可怕。那時候還沒看過美軍，只聽說他們是藍色眼睛的鬼。

爸爸那時候被炸傷，臉的一半都沒了。鼻子和一邊的耳朵都不見了。爸爸說：「我已經沒救了，你們去豐見城的親戚那裡吧。」於是我們就在那天夜裡，留下爸爸一個人前往我那霸（豐見城市）。

美軍通過之後，我們把爸爸留在原地，四個人前往親戚住的地方。好不容易到了之後，因為美軍已經攻了過來，我的親戚當中有一位叔母在竹槍前端綁上菜刀，握在手上朝美軍衝了過去，在一陣子彈聲中被美軍射死了……。我們躲進防空洞裡。那是一個很大的防空洞，還有橫向的洞穴。美軍對著我們的防空洞丟手榴彈。洞裡變得白煙瀰漫……。什麼都看不到……。我們因為躲在深處的橫向洞穴裡才得救。之後美軍就走了。

那之後的一兩天，媽媽為了做晚餐，去了一個空著的房子。蜻蜓戰機（美軍的偵察機）又飛過來，發現炊煙後發動攻擊，結果媽媽也被殺死了。媽媽腹部中彈，內臟都飛出來，她壓著肚子爬到我們待的地方來，對著姊姊說「你要照顧龜吉喔」。媽媽還說「好痛、好痛，我想死，太痛苦了誰來把我殺了。」不久之後就嚥下最後一口氣。我們就原地把土蓋在媽媽身上把她埋了起來。

將媽媽埋起來之後，那天深夜我們就回到家鄉。就我們三個人……。家鄉的房子全都被燒毀了。那天深夜，爸爸活著回來了。爸爸半邊的臉都沒了，卻從被攻擊的地方爬了三天回到家裡。他帶著開過的C型口糧（美軍的戰備存糧）罐頭，應該是美軍配發的。爸爸自己沒有吃，把罐頭交給我們。我們吃了，但嚴重吃壞肚子。爸爸自己不吃，想留給孩子們吃，但我們吃到的時候已經壞掉了。

家鄉還有奶奶、生病不能走路的姊姊，以及另一位親戚老奶奶沒辦法逃難，只能留在故鄉的榕樹下，其中一個人在原地去世了。之後，爸爸什麼話也沒說也嚥下最後一口氣。

我們就在這裡被美軍抓到，成為俘虜，被帶到手登根（南城市）。這時候還有五個人，但後來奶奶去世，不能走路的姊姊則被留下來，之後我們就再也沒有見過她了，只剩下我和二姊和哥哥三個人。

我們三個被送上LST（戰車登陸艦），載出太平洋後，在今天的邊野古（現在的施瓦布基地〔Camp Schwab〕）被放下船，然後被迫從邊野古走到大浦。對於當時才八歲的我來說，實在非常遙遠……。

我得牽著姊姊的手往前走。到達大浦的時候，我們身上都沒有行李。兩手空空的。我跟哥哥都是。只有姊姊還帶了一件換穿的衣服，包在方巾裡。我們也沒有任何食物可吃。到大浦之後我們一直淋雨，跟好幾家人一起擠在帳篷裡，起床睡覺都在一起。雖然量很少，但美軍有給我們配給的糧食，但是不夠三個人吃。我們去大浦海岸邊把石頭翻開抓螃蟹，或是去大川的河裡撿蛤蜊，撿來蛤蜊之後用火烤來吃勉強維生。配給的米只有手掌大的份量，三個人分著吃。用那些米做成很稀的粥之後，三個人要吃一整天。肚子一直很餓。

我們在大浦還去上學。但說是學校，其實也只是在沙灘上學ＡＢＣＤ而已，不是學日語，而是學ＡＢＣＤ。

我們在大浦也幫忙埋葬死掉的人。我記得我去墳場的時候還在笑……。想想自己應該是有些精神異常了。扛著那個死掉的人往前走的時候，雖然沒有發出聲音，但我記得我在笑。埋好之後回到大浦去。我們在大浦待了將近一年。

我們三個人去了宜野座，先是在宜野座的茅草小屋裡上學，之後才回去家鄉。後來我們終於回到家鄉同宗族的親戚家，由叔叔照顧，但姊姊結婚之後我就沒有再見到她了。

哥哥和我留在親戚家，給親戚照顧，房子裡的庭院搭了帳篷，我們就在裡面生活。但是哥哥有一天不見了。我當時還是小學生，卻自己一個人在帳篷裡生活了一年。一天只有一個薯類可以吃。那時候應該是小學四、五年級左右……。

那時候製糖工廠已經開始營運，我就到製糖工廠工作。放學後就去幫馬除草，用鼓棒敲馬的屁股，讓牠跑起來帶動甘蔗榨汁機。我到中學三年級為止，都由親戚家照顧。親戚家的叔叔像照顧自己的孩子一樣照顧我。

中學畢業之後，我在親戚開的澡堂幫忙燒柴。三年之間待過兩家澡堂，做工做到十八歲就離開了，因為我在裡面被人欺負。我一直被人毆打、被暴力相向，我也不知道為什麼，可能是因為看我不順眼。因為無法再跟他們一起住，我來到山下町（通稱佩里[18]）開始了寄宿生活，用僅有的一點積蓄，租了一間勉強可以遮雨的房間。

我聽說美軍提供很多工作機會，便去了軍雇用事務所（現在的駐留軍等勞動者勞務管理機構）。我通過考試後開始工作，但三個月後就被解雇了，原因是美軍把預算花光了。過了不久之後，我又重新被軍方雇用，進到基地裡面工作，一共為美軍工作了二十年左右。我會離職主要是因為當時駐紮的陸軍更替為海軍陸戰隊（Marine），原先在陸軍工作的人都被解雇。那時候沖繩已經回歸了，我用日幣拿了離職金，離職之後為了務農買下土地。

作為一個孤兒一路活到現在，大家想必都不懂其中真正的辛苦吧。[19]

許多戰爭孤兒都經歷了類似的生活。

終章　混合存在的國家主義與國民主權

「如果在自己小的時候發生戰爭，會是怎樣的情況？」本書針對這個問題，討論了各種案例。「小時候」指的是零到十八歲之間。沖繩戰中被徵召的學徒隊少年少女們曾說：「漸漸地朋友在自己身邊死去也沒有感覺了」；戰爭當時十二歲，在戰場上四處逃難的孩童則說：「家人死了我也沒有感覺⋯⋯。媽媽死掉之後，我還在思考明天要吃什麼，飢餓的問題比悲傷的情緒更急迫。」她在陳述這段經歷時並未看著筆者，而是別開了視線。經歷沖繩戰的人們述說出「人無法為人」的狀態，不只成人，很多孩子也有類似的經歷。

若以孩童的年齡層的角度來看戰爭，如同前面所提及，只要是政府、大本營判斷能夠參加戰鬥的人都受到徵召，而年紀還不能參與戰鬥的人，對戰爭的進行而言則是礙手礙腳的存在，只能被丟在戰場上。本書雖然沒有深入探究個別少女（女性）當時內心的想法，但被丟在戰場上的女性確實陷入「美軍隨時會襲擊自己」的心理狀態，相關證言不勝枚舉。

有位少年對筆者說，當時他背著生病而無法走路的大姊逃難，在砲彈四處飛射的情況下不得不丟下大姊，結果大姊雖然被美軍救走保住性命，但也遭到強暴，讓他悔恨不已。

二〇二一年，名護市教育委員會出版的《口述傳承的戰爭：第四集》[1]中記載以下證言：「我在伊差川時，有美軍會過來強姦女性。發現這個情況時大家會一起敲鐘」（真榮田義昌，當時十四歲）、「當時沒有什麼方法保護自己，我們接到指示，要我們一旦發現美軍進來，就敲方形鐵罐叫醒大家。有空鐵罐的人就敲，但沒有的人也沒辦法，是一個這樣的時代。在伊差川跟我進到同一個房子（一起被收容）的女生被美軍帶走，到隔天都沒有回來。不久後我從今歸仁走路回來，才發現她被強姦後死掉了。真的好可憐。」（我那霸文子，當時十五歲）

另外，有人因為家鄉被美軍佔為基地而無法回家，只能在附近的聚落生活，他提到：「有兩名美軍每天都來」，「在村民面前一臉不在意地強暴婦女。婦女們對他們的粗暴和不可理喻忍無可忍」，求村裡的男生「就算之後會被報復，村民全部被殺死也沒關係，拜託殺了他們兩個。」於是以一位日本兵為首，村裡的男性對「強暴婦女之後慢悠悠地離去」的兩名美軍「帶著怒氣一起拿石頭砸破他們的頭。」[2]社會的混亂直接衝擊孩童及女性，以及身障者等弱勢者的性命和人權。

到了今日，孩子們身處的社會又如何發展呢？菅義偉繼承安倍一派獨大的政權[3]，不願反省亞洲太平洋戰爭中日本的責任，以中國、北韓有威脅為由煽動國民增加防衛費用；而另一方面，在教育方向上，則延續安倍政權時期的閣議決定（二〇一七年三月三十一日）「不應反對以不違背憲法及《教育基本法》的形式，將《教育敕語》作為教材使用」，持續將道德科目編入小學課程，以達成灌輸孩子們愛國心之目的。這些政策不只讓人聯想起戰前對國家主義的正當化，也是違反日本國憲法的行為。

貫徹國家主義的國家常將國民的人權棄之於不顧，從新聞報導可以看到，中國對香港民主化運動、緬甸軍方政變後對市民的鎮壓和虐殺，全世界各地都在發生類似的事件。承認且尊重孩童、女性及身障者這些社會上處於弱勢地位者的人權，跟國家主義勢必無法相容。

日本政府創造出以「天皇制」為最高原則的國家主義金字塔結構，其根源可溯及家庭中的家父長制，而這樣的制度作法正是使男女角色被僵固規範的原因之一。有一部分的政治人物堅稱這是日本的文化，但如果要讓孩童、女性和身障者可以生而自然享有其人權，則勢必得改變這種想法。

無需贅言，戰後的日本是以日本國憲法為基礎起步的。現在小學六年級的學生就會學到，日本國憲法是由「國民主權」、「和平主義」、「尊重基本人權」三大原則所構成。然而，這三大原則卻在全國各地一點一點崩解，尤其在沖繩，包含邊野古的美軍新基地問題，國家主義橫行的情況仍在持續發生。

如果要讓日本政府改正其在全國各地的國家主義式的強硬作風，我們自己是否能善盡國民主權的責任，或許也是一個重要的影響因素。

以下摘錄日本國憲法前言的一部分：

日本國憲法前言

日本國民決心通過正式選出的國會中的代表而行動，為了我們和我們的子孫，確保與各國人民合作而取得的成果和自由帶給我們全國的恩惠，消除因政府的行為而再次發生的戰禍，茲宣布主權屬於國民，並制定本憲法。

（中略）

我們希望在努力維護和平，從地球上永遠消滅專制與隸屬、壓迫與偏見的國際社會中，佔有光榮的地位。我們確認，全世界人民都同等具有免於恐怖和貧困，並在和平中生存的權利。

日本國憲法否定了戰爭，創造了一個社會尊重每個人生存權的指南。雖然說起來理所當然，但我認為我們應該再次確認每個人都是握有主權的國民，包含孩童、女性及身障者在內，人人都擁有平等的人權，並且應該監督政府的行為，不讓政府再次發動戰爭。希望本書可以成為一個契機。

為避免戰爭再次發生盡一份力。

後記

美軍基地柵欄的對面一側有寬廣的草坪，草坪上的房屋間距開闊，庭院裡常有人熱熱鬧鬧地舉辦烤肉派對，看起來是一家人。我在一九六〇年出生於基地之都「Koza（コザ）」，從有記憶以來經常趴在柵欄上看著他們。

嘉手納基地的二號大門正前方是機場路（空港通り），一般通稱為大門路（ゲート通り），道路的左右兩側有許多專門服務美軍的當鋪、禮品店、印度人開的裁縫店，以及衣物、刺繡店。每個週六或是每月兩次的發薪日一到，美軍就會從基地裡傾巢而出，讓大門路變得相當熱鬧。到了傍晚，他們會橫越道路隔壁的沖繩人市場、胡屋中央商店街，之後消失在每天如嘉年華一般充滿生氣、霓虹閃爍的中央路（センター通り）之中。到了深夜，市場小巷一角的女性的住處亮起燈，附近也嘈雜起來。

每天早上，我去Koza小學上學的途中得跨越中央路。之所以說是跨越，是因為我不只要過馬路，時常還要小心不要吵醒睡在路邊的美軍。每次經過中央路時，除了要注意倒在路邊的美軍外，抬頭還會看到酒吧入口貼著女性舞者裸露胸部的海報。

我有朋友住在酒吧的二樓。去朋友家裡玩的時候，我們曾經鑽到地板下面偷看酒吧的表演，感到相當震撼。某一天，朋友撿了子彈，取出炸藥後做成項鍊，我當時非常羨慕。我們還會玩一種用鐵槌敲打實彈的尾端的遊戲。不知道是我們運氣好還是技術好，我的朋友當中並沒有人受傷，但聽說有小孩在玩的時候失去手指。學校裡也有只有媽媽的混血兒，他們都被欺負，被叫做「混種小孩（アイノ子）」。

一九七〇年十二月，我上小學五年級的時候，發生了大人們焚燒黃牌美軍車輛的Koza暴動事件[1]。深夜時聽到撞擊聲伴隨著叫罵聲，爸媽叫我們不要外出，哄我們入睡。到了早上我跟朋友一起從大門路走到胡屋十字路，又繼續走一公里多到島袋三叉路，一邊聞著異味沿路追蹤燒焦的美軍車輛，一邊心想「範圍到底延續到哪裡」。我們當時並不知道大人們生氣的原因，但作為小孩心裡覺得很爽快。

當時大人們很常舉起拳頭，在夜晚參加集會，大喊「還我沖繩（沖縄を返せ）」、「回歸祖國（祖国復帰）」。學校的老師們也利用午休時間，綁上紅色的頭帶大聲疾呼。矛頭總是指向美軍基地。等我長大一點開始讀報之後，我才知道有許多美軍基地相關的事件及事故就發生在孩子們的身邊。一九六七年有美軍刺殺計程車司機，六八年因為B52轟炸機墜毀造成居民輕重傷、七〇年有主婦被酒駕的美軍輾斃，後來才知道正是這些事件集合起來引發前面說的Koza暴動。越戰要結束時，美軍情緒相當激動，我們以為那之後美軍的行為會穩定一點，結果並沒有任何改變。

七二年沖繩回歸了，但他們粗暴的行動依然沒有改變，大人們則依舊參與集會和遊行抗議與他們對峙。我一直到結婚生子之後，才意識到小時候自己跟朋友們玩耍的日子其實經常與危險相伴，是大人們的行動保護了我們。我希望我的小孩可以更幸福。

美軍基地引發的事件和事故仍不斷重演，我希望我也能在孩子們沒有意識到的情況下保護他們。不管哪個時代，孩子們都是看著大人的背影長大成人的。

川滿彰

二〇二一年三月

註釋

台灣版序　從我的父親談起

1. 譯註：日文漢字為「引揚」，指日本戰敗後原先居住在日本統治地區者搭船返回日本的過程，時常譯為「遣返」。然而，該情況又不同於當代邊境管制下對不具合法居留身分者的強制遣返，故暫譯為「歸國」。
2. 合田一道，《満州開拓団二十七万人死の逃避行》，一九七八年。
3. 譯註：二戰後協助日本海外國民遣返歸國的單位。
4. 《每日新聞》，二〇二一年九月一日。
5. 《琉球新報》，二〇二三年七月二十三日。

前言　如果兒時發生戰爭

1. 安仁屋政昭，《裁かれた沖縄戦》，晚聲社，一九八九年。
2. 石原昌家，《援護法で知る沖縄戦認識》，凱風社，二〇一六年。
3. 陸上自衛隊幹部学校，《沖縄作戦講話録》。
4. 譯註：「疏散」原文為「疎開」，特指戰爭中由政府主導移動至安全地區之避難行動，考量可讀性統一譯為疏散。

5. 譯註：「鐵之暴風」為《琉球新報》於戰後初期出版證言集的書名，後常被用於描述沖繩戰中由於砲擊猛烈，砲彈鐵片到處飛散，如同暴風襲來的情況。由於在沖繩戰中為具有代表性的專用描述，此後出現時統一沿用「鐵之暴風」一詞不進行意譯。

6. 譯註：「字」為日本地方的行政單位，曾經相當於「里」。

7. 譯註：此處的人口數及戰歿者數引用自二〇一七年出版之《沖繩縣史各論篇六：沖繩戰》，人口數來自內閣統計局一九四〇年的資料，戰歿者數則是來自和平之礎針對全沖繩縣戰歿者的統計（截至二〇一六年為止的資料），僅孩童的戰歿者數是從《糸滿市史資料篇七：戰時資料下卷》計算得出。後於第一百九十頁出現的糸滿市人口及戰歿者數，則是直接引用自一九九八年《糸滿市史資料篇七：戰時資料下卷》，為糸滿市特別調查得出的數字，人口數以一九四五年一月一日為基準。由於統計方式和基準有些許不同，戰歿者的數字也有些許出入。

第一章　孩子們的教育——成為士兵之路

1. 譯註：原文為「ヤマトゥンチュ」和「ウチナーンチュ」。大和人指沖繩人以外的日本人。
2. 近藤健一郎，《近代沖縄における教育と国民統合》，北海道大学出版会，二〇〇六年。
3. 同前書。
4. 編註：平等學校、村學校和筆算稽古所皆為琉球王國在十八世紀末期至十九世紀的舊學校制度。
5. 同前書。
6. 同前書。

7. 譯註：當時針對日本學生的教科書是以普通體（書面體）書寫，而非敬語。
8. 同前書。
9. 編註：會話傳習所成立於一八八〇年二月，當年六月改組為沖繩師範學校。
10. 同前書。
11. 浅野誠，《沖縄県の教育史》，思文閣出版，一九九一年。
12. 沖縄県文化振興会史料編集室，《沖縄県史各論編五．近代》，沖縄県教育委員会，二〇一一年。
13. 同前書。
14. 近藤健一郎，《近代沖縄における教育と国民統合》，北海道大学出版会，二〇〇六年。
15. 浅野誠，《沖縄県の教育史》，思文閣出版，一九九一年。
16. 譯註：「尋常」為一八八六年明治政府期間設立的學制，尋常師範學校於一八九七年改名為師範學校，尋常中學校於一八九九年改名為中學校，尋常小學校則於一九四一年改制為國民學校。
17. 鎌田佳子，〈森有礼の学事巡視—その行程をめぐって—〉，《立命館文学》六一八，二〇一〇年。
18. 佐藤秀夫編，《続．現代史資料八教育．御真影と教育勅語一》，みすず書房，一九九四年。
19. 譯註：有關御真影的字詞在日語中也是不常見的字詞，全書一律保留原文漢字。
20. 西塚邦雄編，《琉球教育（全十二巻）》，同，一九八〇年。
21. 編註：間切是沖繩的舊行政區劃，一九〇八年廢除，改實施町村制。
22. 沖縄市教育委員会，《沖縄市学校教育百年誌》，同，一九九〇年。
23. 譯註：全國都道府縣知事（縣市長）組成的組織。
24. 岩本努，《教育勅語の研究》，民衆刊社，二〇〇一年。
25. 同前書。

26. 譯註：括弧內白話文為原作者所譯。原文則沿用日本國會圖書館網路公開的一九〇九年之漢譯。https://web.archive.org/web/20140116065420/http://kindai.ndl.go.jp/view/jpegOutput?itemId=info%3Andljp%2Fpid%2F899326&contentNo=5&outputScale=1
27. 《大阪毎日新聞》，一九三三年一月七日報導。
28. 沖縄県教育委員会，《沖縄県史第一〇巻各論編九・沖縄戦記録二》，沖縄県教育委員会，一九七四年。
29. 同前書。
30. 越来小学校創立百周年記念事業期成会，《創立百周年記念誌 白椿―越来小学校―》，越来小学校，一九八七年。
31. 美里小学校創立百周年記念事業期成会，《創立百年誌記念誌 沖縄市立美里小学校》，沖縄市立美里小学校，一九八二年。
32. 名護市立真喜屋小学校創立百周年記念事業期成会記念誌部，《創立百周年記念誌 名護市立真喜屋小学校》，名護市立真喜屋小学校，一九九六年。
33. 又吉盛清，《日露戦争百年》，同時代社，二〇〇五年。
34. 文部科学省網站。
35. 那覇市教育委員会，《那覇市教育史通史編》，同，二〇〇二年。
36. 「恩納村民の戦時物語」編集委員会，《恩納村戦時物語》，恩納村遺族会，二〇〇三年。
37. 《恩納村民の沖縄戦》。（譯註：原文註明將以此書名於二〇二二年出版，但經查二〇二三年二月尚未有同名書出版）。
38. 譯註：以下整段證言皆以第一人稱描述，「我」或「我們」指當真嗣長本人。
39. 譯註：指文化祭及學園祭時的校內表演活動。

40. 譯註：傳統的日文假名「伊呂波順」排序，類似用「ㄅㄆㄇ」或「甲乙丙」排序的功能。
41. 編註：瓜達康納爾島戰役是一九四二年至一九四三年期間，盟軍和日軍在太平洋瓜達康納爾島及其周圍島嶼進行的戰役，是中途島海戰之後日軍在太平洋戰場的又一次戰略性的失敗。
42. 譯註：十十空襲，是指一九四四年十月十日美軍針對琉球群島發動的空襲，為戰爭期間沖繩最知名的大規模空襲，尤其對那霸市區造成巨大損害。
43. 編註：日本於一九四一年將學校體育課程改稱為「體鍊科」，授課內容著重在軍事訓練，包含體操及武道。

第二章　成為士兵的少年少女們

1. 沖縄県文化振興会公文書館管理部史料編集室，《沖縄県史 各論編六．沖縄戦》，沖縄県教育委員会，二〇一七年。
2. 同前書。
3. 沖縄県立第三中学校一二期生会回想録編集委員会，《回想録 友垣》，同，二〇〇一年。
4. 《沖縄県史 各論編六．沖縄戦》。
5. 同前書。
6. ひめゆり平和祈念資料館編，《ひめゆり平和祈念資料館 資料編．沖縄戦の全学徒（改訂版）》，同，二〇二〇年。
7. 二〇〇九年作者親自訪談。
8. 同前書。
9. 同前書。

10. なごらん二一期生委員，《戦時下の学園記》，なごらん二一期生なごらん同窓会，一九九六年。
11. ひめゆり平和祈念資料館編，《ひめゆり平和祈念資料館　資料編・沖縄戦の全学徒》。
12. 陸上自衛隊幹部学校，《沖縄作戦における沖縄島民の行動に関する史実資料》。
13. 沖縄県教育庁文化財課史料編集班，《沖縄県史 資料編二三沖縄戦六・沖縄戦日本軍史料》，沖縄県教育委員会，二〇一二年。
14. 陸上自衛隊幹部学校，《沖縄作戦における沖縄島民の行動に関する史実資料》。
15. 兼城一編著，《沖縄一中・鉄血勤皇隊の記録（上）》，高文研，二〇〇〇年。
16. ひめゆり平和祈念資料館編，《ひめゆり平和祈念資料館　資料編・沖縄戦の全学徒》。
17. 《沖縄県史各論編六・沖縄戦》。
18. 同前書。
19. 沖縄県平和祈念資料館所蔵，〈沖縄戦における学徒の従軍概況〉。
20. 同前史料。
21. 同前史料。
22. 名護市教育委員会文化課市史編さん係，《語りつぐ戦争第二集》，名護市教育委員会，二〇一〇年。
23. 沖縄県平和祈念資料館所蔵，〈沖縄戦における学徒の従軍概況〉。
24. 同前史料。
25. 大田嘉弘，《沖縄作戦の統帥》，相模書房，昭和五九年。
26. 大田昌秀編著，《総史沖縄戦》，岩波書店，一九八三年。
27. 編註：本部半島是位於沖縄島北部至東海突出的一個半島。
28. 防衛庁防衛研究所戦史室，《戦史叢書 沖縄方面陸軍作戦》，朝雲新聞社，一九六八年。

29. 兼城一編著，《沖縄一中・鉄血勤皇隊の記録（上）》。
30. 同前書。
31. 同前書。
32. 林博史，《沖縄からの本土爆撃》，吉川弘文館，二〇一八年。
33. 沖縄県平和祈念資料館所蔵，〈沖縄戦における学徒の従軍概況〉。
34. 同前史料。
35. 《戦史叢書 沖縄方面陸軍作戦》。
36. 林博史，《沖縄からの本土爆撃》。
37. 《琉球新報》，二〇二一年一月四日。
38. 林博史，《沖縄からの本土爆撃》。
39. 名護市戦争記録会、名護市史編さん委員会、名護市史編さん室，《語りつぐ戦争 第一集》，名護市役所，一九八五年。
40. 名護市史編さん委員会，《名護市史本編三・名護・やんばるの沖縄戦》，名護市役所，二〇一六年。
41. 宮里松正，《三中学徒隊》，三中学徒之会，一九八二年。
42. 同前書。
43. 同前書。
44. 二〇一二年作者親自訪談。
45. 同前書。
46. 同前書。
47. 伊志嶺賢二，《沖縄戦報道記録付・学徒従軍記》，同，一九六〇年。

48.《沖縄県史各論編六・沖縄戦》。
49. 同前書。
50. 同前書。
51. 川満彰，《陸軍中野学校と沖縄戦》，吉川弘文館，二〇一八年。
52. 編註：漢森基地（Camp Hansen）是位在沖繩島中部的美軍基地，座落於金武灣北岸。沖繩戰期間，美軍登陸部隊在當時的金武村境內一塊台地狀農耕地舖設了兩千公尺長的跑道，稱作「金武飛行場」。
53. 譯註：原文的殘疾者為「不具者」，癩病患者為「籟患者」，皆有歧視意味，此處刻意使用貼近原文譯詞。
54. 陸上自衛隊幹部学校，《沖縄作戦における沖縄島民の行動に関する史実資料》。
55. 同前史料。
56. 沖縄県公文書館所蔵，〈昭和二十年四月以降における防衛召集事実資料〉。
57. 同前史料。
58. 同前史料。
59. 沖縄県公文書館所蔵，〈沖縄出張に関する報告 自昭和三十年七月五日至昭和三十年八月十五日〉。
60.《沖縄県史各論編六・沖縄戦》。
61.《沖縄作戦における沖縄島民の行動に関する史実資料》。
62. 沖縄県平和祈念資料館所蔵，《参考資料》。
63.《名護市史　本編三・名護・やんばるの沖縄戦》。
64. 伊江村教育委員会，《伊江島の戦中・戦後体験記録》，同，一九九九年。
65. 沖縄県公文書館所蔵，《第一七号第二種軍属に関する書類》。
66. 同前史料。

67. 竹富町史編集委員会町史編集室，《竹富町史第一二巻・資料編・戦争体験記録》，竹富町役場，一九九六年。
68. 川満彰，《陸軍中野学校と沖縄戦》。
69. 〈第八七回帝国議会衆議院　義勇兵役法案外一件委員会議録（速記）一回〉，一九四五年六月九日付。

第三章　從戰場活下來的孩子

1. 編註：日文的「いとこ」泛指堂、表兄弟姊妹。
2. 平良啓子，《海なりのレクイエム》，民衆社，一九八四年。以及其在二〇一七年大宜味村大兼久公民館的演講內容。
3. 二〇一九年八月二十二日的數字，由對馬丸紀念會館官方公布。
4. 《琉球新報》，二〇一七年八月二十二日。
5. 《沖縄県史 各論編六・沖縄戦》。
6. 二〇一七年在大宜味村大兼久公民館的演講內容。
7. 《沖縄県史 各論編六・沖縄戦》。
8. 同前書。
9. 戦時遭難船舶遺族連合会，《海なりの底から》，同，一九八七年。
10. 町史編集委員会，《東風平町史戦争体験記》，東風平町，一九九九年。
11. 名護市史編さん委員会，《名護市史 本編三・名護・やんばるの沖縄戦 資料編二》，名護市役所，二〇一八年。

12. 同前書。
13. 編註：日文的「叔父」在中文中可以指稱叔叔、伯父、姑丈、姨丈或舅舅，「叔母」可以指稱嬸嬸、伯母、姑姑、阿姨或舅媽，在此保留原稱呼。
14. 《東風平町史戦争体験記》。
15. 読谷村史編集委員会，《読谷村史第五巻資料編四．戦時記録下巻》，読谷村役場，二〇〇四年。
16. 渡嘉敷村史編集委員会，《渡嘉敷村史資料編》，渡嘉敷村役場，一九八七年。
17. 座間味村史編集委員会，《座間味村史下巻》，座間味村役場，一九八九年。
18. 同前書。
19. 譯註：原文為「集団自決」、「強制集団死」。部分論者主張使用「強制集団死」，以表達居民並非主動選擇自盡或實際上並沒有選擇的餘地。由於用詞在沖繩戰研究中有諸多討論及爭議，作者在每次使用「集団自決」一詞時都加上引號，應是為了強調此一詞彙的使用並非中立客觀已有定論，譯文則為追求可讀性選擇直譯為貼近中文的「集體自盡」，並同樣全部保留引號。
20. 《戦史叢書沖縄方面陸軍作戦》。
21. 《沖縄県史資料編二三沖縄戦六．沖縄戦日本軍史料》。
22. 沖縄県文化振興会公文書館管理部史料編集室，《沖縄戦研究Ⅱ》，沖縄県教育委員会，一九九九年。
23. 座間味村教育委員会，《戦世を語りつぐ》，同，二〇〇七年；以及渡嘉敷島的官方網頁。渡嘉敷島集體自盡的「三百二十九人」並非確定人數。
24. 読谷村史編集委員会，《読谷村史第五巻資料編四．戦時記録上巻》，読谷村役場，二〇〇二年。
25. 同前書。
26. 糸満市史編集委員会，《糸満市史資料編七．戦時資料下巻》，糸満市役所，一九九八年。

27. 玉城村役場，《玉城村史第六巻・戦時記録編》，玉城村史編集委員会，二〇〇四年。
28. 《東風平町史戦争体験記》。
29. 南風原町南風原文化センター《南風の杜　南風原文化センター紀要》十九号。
30. 《糸満市史資料編七・戦時資料下巻》。
31. 同前書。
32. 《沖縄県史　第九巻各論編八・沖縄戦記録一》。
33. 《東風平町史戦争体験記》。
34. 二〇一五年作者親自訪談。
35. 《語りつぐ戦争第二集》。
36. 《糸満市史資料編七・戦時資料下巻》。
37. 《沖縄県史第一〇巻各論編九・沖縄戦記録二》。
38. 名護市教育委員会文化課市史編さん係，《語りつぐ戦争第三集》，名護市教育委員会，二〇一二年。
39. 名護市史編さん委員会，《名護市史本編三・名護・やんばるの沖縄戦 資料編三》，名護市役所，二〇一九年。
40. 《名護市史　本編三・名護・やんばるの沖縄戦》。
41. 《名護市史　本編三・名護・やんばるの沖縄戦　資料編三》。
42. 《語りつぐ戦争第一集》。
43. 恩納村安富祖編集委員会，《とよむあふす》，安富祖自治会，二〇〇一年。
44. 平井美津子、本庄豊編，《戦争孤児たちの戦後史二西日本編》，吉川弘文館，二〇二〇年。
45. 《名護市史　本編三・名護・やんばるの沖縄戦》。

46. 川満彰，《陸軍中野学校と沖縄戦》。
47. 《竹富町史　第一二巻・資料編・戦争体験記録》。

第四章　戰禍中的教師與御真影—皇民化教育的結局

1. 小野雅章，《御真影と学校》，東京大学出版会，二〇一四年。
2. 同前書。
3. 沖縄県平和記念資料館所蔵，〈戦時下に於ける沖縄教職員の活動状況〉，《参考資料》。
4. 二〇〇八年作者親自訪談。
5. 琉球政府，《沖縄県史第四巻各論編三・教育》，同，一九六六年。
6. 伊良部村役場，《伊良部村史》，伊良部村史編纂委員会，一九七八年。
7. 編註：日本現代學校中，持有教師證的正式教師稱為「教諭」。
8. 新里清篤，《回想と提言 沖縄教育の灯》，弘文堂印刷株式会社，一九八二年。
9. 同前書。
10. 上勢頭誌編集委員会，《上勢頭誌中巻通史編二》，旧字上瀬頭郷友会，一九九三年。
11. 山田実、外間政太郎編，《親父たちの戦記》，朝日印刷，二〇〇八年。
12. 《創立百周年記念誌白椿—越来小学校—》。
13. 譯註：作者於引用文「女子師範學校」及「喜久山添守」二處標註「原文如此」，應為原資料誤記，正確為「沖縄師範學校女子部」及「喜久山添采」。
14. 譯註：作者於引用文「藤野秀夫」一處標註「原文如此」，應為原資料誤記人名，正確為「藤野憲夫」。

15. 新里清篤，《回想と提言沖縄教育の灯》。
16. 二〇〇八年作者親自訪談。以下不標註引用。
17. 《語り継ぐ戦争第二集》。
18. 具志川市史編さん委員会，《具志川市史 第五巻・戦争編戦時記録》，具志川市教育委員会，二〇〇五年。
19. 同前書。
20. 二〇〇七年作者親自訪談。
21. 沖縄師範学校龍潭同窓会編，《傷魂を刻む—わが戦争体験記—》，同，一九六一年。
22. 沖縄県警察史編さん委員会，《沖縄県警察史第二巻（昭和前編）》，警察本部，一九九三年。
23. 本部町立瀬底小学校創立百周年記念事業期成会記念誌編集部，《瀬底小学校創立百周年記念誌》，本部町立瀬底小学校創立百周年記念事業期成会，一九九二年。
24. 二〇〇八年作者親自訪談。
25. 二〇〇八年作者親自訪談。
26. 譯註：「戊辰詔書」原為「戊申詔書」，於一九〇八年頒布；國民作興詔書則於一九二三年關東大地震之後頒布以振奮國民精神。此處直譯作者引用的教師證言，但其記述可能有誤。
27. 名護市史編さん室，《戦後五〇周年記念 名護市戦没者名簿—未来への誓い—》，名護市民生課，一九九六年。
28. 兼城一編著，《沖縄一中・鉄血勤皇隊の記録（上）》。
29. 田井等字誌編集委員会，《田井等誌》，田井等公民館，二〇〇八年。
30. 二〇〇七年作者親自訪談。

31. 二〇〇八年作者親自訪談。
32. 於二〇二〇年向姫百合和平祈念資料館確認。
33. 二〇〇八年作者親自訪談。
34. 二〇〇八年作者親自訪談。
35. 二〇〇八年作者親自訪談。
36. 《戦後五〇周年記念 名護市戦没者名簿—未来への誓い—》。
37. 沖縄県退職教職の会婦人部編，《ぶっそうげの花ゆれて—沖縄戦と女教師—》ドメス出版，一九八四年。
38. 《創立百周年記念誌 白椿—越来小学校—》。
39. 沖縄県平和記念資料館所蔵，〈戦時下に於ける沖縄教職員の活動状況〉，《参考資料》。
40. 沖縄師範学校龍潭同窓会編，《傷魂を刻む—我が戦争体験記—》。
41. 《創立百周年記念誌 白椿—越来小学校—》。
42. 沖縄市町村長会長，《地方自治七周年記念誌》，同，一九五五年。
43. 二〇〇八年作者親自訪談。
44. 沖縄師範学校龍潭同窓会編，《傷魂を刻む—我が戦争体験記—》。
45. 二〇〇八年作者親自訪談。
46. 同前書。
47. 兼城一編著，《沖縄一中・鉄血勤皇隊の記録（上）》。
48. 沖縄師範学校龍潭同窓会編，《傷魂を刻む—我が戦争体験記—》。
49. 新里清篤，《回想と提言沖縄教育の灯》。

50. 山田実、外間政太郎，《親父たちの戦記》。
51. 仲宗根源和，《沖縄から琉球へ》，月刊沖縄社，昭和四八年。
52. 記念誌発行編集委員会，《粟国小学校創立百周年粟国中学校創立五十周年記念誌》，粟国小学校創立百周年粟国中学校創立五十周年祈念事業記念事業期成会，一九九九年。
53. 宇江城正晴，《宇江城正喜を偲ぶ》，同，二〇〇一年。
54. 石田磨柱，《御真影を死守したふたりの校長》，秋田文化出版社，一九八八年。
55. 国頭村立楚洲小学校創立百周年記念事業期成会記念誌編集部，《国頭村立楚洲小学校創立百周年記念誌》，国頭村立楚洲小学校創立百周年記念事業期成会，二〇〇一年。
56. 沖縄県婦人連合会編，《母たちの戦争体験》，同，一九八六年。
57. 防衛庁防衛研究所所蔵，〈陣中日誌　独立混成第十五聯隊第四中隊　自昭和十九年八月一日　至昭和十九年八月三十一日〉。
58. 沖縄県平和記念資料館所蔵，〈戦時下に於ける沖縄教職員の活動状況〉，《参考資料》。
59. 小野雅章，《御真影と学校》。
60. 同前書。
61. 同前書。
62. 佐藤秀夫編，《続・現代史資料八 教育・御真影と教育勅語一》，みすず書房，一九九四年。

第五章　戰爭孤兒的戰後

1. 譯註：指因為沒有校舍而直接在室外進行的課程。

2. 譯註：戰後以內閣總理大臣為首的行政機關，二〇〇一年併入內閣府。
3. 譯註：「日美談和」指一九五一年簽訂《舊金山和約》。因為日語中也有《舊金山和約》的直譯，選擇保留原文。
4. 陸上自衛隊幹部学校，《沖縄作戦講話録》。
5. 《沖縄タイムス》，二〇二〇年九月十七日刊載。
6. 《名護市史　本編三・名護・やんばるの沖縄戦》。
7. 譯註：Koza（コザ）的中文多譯為「胡差」。實際上日文也出現過該漢字用法，但有一說認為只用於戰後不久。而Koza（コザ）市在一九七四年與美里村合併為「沖縄市」前，多為假名表示，因此刻意選擇不使用漢字。
8. ひめゆり平和祈念資料館編，《生き残ったひめゆり学徒たち》，同，二〇一二年。
9. 沖縄県立図書館史料編集室，《沖縄県史料 戦後二・沖縄民政府記録一》，沖縄県教育委員会，一九八八年。
10. 同前書。
11. 浅井春夫，《沖縄戦と孤児院》，吉川弘文館，二〇一六年。
12. 沖縄県教育委員会，《沖縄県史料戦後二・沖縄民政府記録一》。
13. 沖縄県立図書館史料編集室，《沖縄県史料 戦後三・沖縄民政府記録二》，沖縄県教育委員会，一九九〇年。
14. 平井美津子編，《シリーズ戦争孤児三沖縄の戦場孤児》，汐文社，二〇一五年。
15. 二〇〇八年作者親自訪談。
16. 譯註：類似各區的社區活動中心。

17. 二〇一八年作者親自訪談。
18. 譯註：山下町靠近今天的那霸機場，在美軍統治期間曾一度以黑船來航的佩里將軍（Matthew Calbraith Perry）之名，稱為「佩里區」。
19. 二〇一八年作者親自訪談。

終章　混合存在的國家主義與國民主權

1. 名護市教育委員会文化課市史編さん係，《語りつぐ戦争 第四集》，名護市教育委員会，二〇二二年。
2. 宜保榮治郎，《軍国少年がみたやんばるの沖縄戦》，榕樹書林，二〇一五年。
3. 編註：作者寫作本書時，日本首相為時任自民黨總裁菅義偉。菅義偉在二〇二一年十月四日率領內閣總辭，由岸田文雄接任首相。

後記

1. 編註：又譯為「胡差暴動」，是美國統治琉球時期的一起大規模軍民衝突，從一九七〇年十二月二十日凌晨持續到翌日早上，導因是沖繩人對於二十五年的美國軍政所產生的民怨。

參考文獻

浅井春夫，《沖縄戦と孤児院》，吉川弘文館，二〇一六年。
浅井春夫、川満彰，《戦争孤児たちの戦後史一 総論編》，吉川弘文館，二〇二〇年。
浅野誠，《沖縄県の教育史》，思文閣出版，一九九一年。
安仁屋政昭，《裁かれた沖縄戦》，晩聲社，一九八九年。
伊江村教育委員会，《伊江島の戦中・戦後体験記録》，同，一九九九年。
石田磨柱，《御真影を死守したふたりの校長》，秋田文化出版社，一九八八年。
石原昌家，《援護法で知る沖縄戦認識》，凱風社，二〇一六年。
伊志嶺賢二，《沖縄戦報道記録付・学徒従軍記》，同，一九六〇年。
糸満市史編集委員会，《糸満市史 資料編七・戦時資料 下巻》，糸満市役所，一九九八年。
伊良部村役場，《伊良部村史》，伊良部村史編纂委員会，一九七八年。
岩本努，《教育勅語の研究》，民衆刊社，二〇〇一年。

宇江城正晴，《宇江城正喜を偲ぶ》，同，二〇〇一年。
浦添市史編集委員会，《浦添市史 第五巻資料編四・戦争体験記録》，浦添教育委員会，一九八四年。
大田昌秀編著，《総史沖縄戦》，岩波書店，一九八三年。
大田昌秀編著，《沖縄 鉄血勤皇隊》，高文研，二〇一七年。
大田嘉弘，《沖縄作戦の統帥》，相模書房，昭和五九年。
沖縄県警察史編さん委員会，《沖縄県警察史 第二巻（昭和前編）》，警察本部，一九九三年。
沖縄県教育委員会，《沖縄県史 第一〇巻各論編九・沖縄戦記録二》，沖縄県教育委員会，一九七四年。
沖縄県教育庁文化財課史料編集班，《沖縄県史 資料編二三沖縄戦六・沖縄戦日本軍史料》，沖縄県教育委員会，二〇一二年。
沖縄県公文書館所蔵，〈沖縄出張に関する報告 自昭和三十年七月五日至昭和三十年八月十五日〉。
沖縄県公文書館所蔵，〈独歩一二大隊（賀谷大隊）炊事婦採用に関する資料〉（《第一七号第二種軍属に関する書類》）。
沖縄県公文書館所蔵，〈第一七号第二種軍属に関する書類綴 援護課〉。

沖縄県公文書館所蔵，〈昭和二十年四月以降における防衛召集事実資料〉。
沖縄県退職教職の会婦人部編，《ぶっそうげの花ゆれて—沖縄戦と女教師—》ドメス出版，一九八四年。
沖縄県婦人連合会編，《母たちの戦争体験》，同，一九八六年。
沖縄県文化振興会公文書館管理部史料編集室，《沖縄戦研究Ⅱ》，沖縄県教育委員会，一九九九年。
沖縄県文化振興会公文書館管理部史料編集室，《沖縄県史 各論編六・沖縄戦》，沖縄県教育委員会，二〇一七年。
沖縄県文化振興会史料編集室，《沖縄県史 各論編五・近代》，沖縄県教育委員会，二〇一一年。
沖縄県平和祈念資料館，《沖縄県平和祈念資料館 総合案内》，同，二〇〇一年。
沖縄県平和祈念資料館所蔵，〈沖縄戦における学徒の従軍概況〉。
沖縄県立第三中学校一二期生会回想録編集委員会，《回想録 友垣》，同，二〇〇一年。
沖縄県立図書館史料編集室，《沖縄県史料 戦後二・沖縄民政府記録一》，沖縄県教育委員会，一九八八年。
沖縄県立図書館史料編集室，《沖縄県史料 戦後三・沖縄民政府記録二》，沖縄県教育委員会，一九九〇年。
沖縄市教育委員会，《沖縄市学校教育百年誌》，同，一九九〇年。
沖縄市総務部総務課市史編集担当，《沖縄市史 第五巻・戦争編》，沖縄市役所，二〇一九年。
沖縄市町村長会長，《地方自治七周年記念誌》，同，一九五五年。
沖縄師範学校龍潭同窓会編，《傷魂を刻む―わが戦争体験記―》，同，一九六一年。
小野雅章，《御真影と学校》，東京大学出版会，二〇一四年。
「恩納村民の戦時物語」編集委員会，《恩納村戦時物語》，恩納村遺族会，二〇〇三年。
恩納村安富祖編集委員会，《とよむあふす》，安富祖自治会，二〇〇一年。
兼城一編著，《沖縄一中・鉄血勤皇隊の記録（上）》，高文研，二〇〇〇年。
鎌田佳子，〈森有礼の学事巡視―その行程をめぐって―〉，《立命館文学》六一八，二〇一〇年。
上勢頭誌編集委員会，《上勢頭誌中巻通史編二》，旧字上瀬頭郷友会，一九九三年。
川満彰，《陸軍中野学校と沖縄戦》，吉川弘文館，二〇一八年。
宜野湾市史編集委員会編，《宜野湾市史 第六巻資料編五・新聞集成Ⅱ（戦前期）》，宜野湾市，一九八二年。

宜保榮治郎，《軍国少年がみたやんばるの沖縄戦》，榕樹書林，二〇一五年。
記念誌発行編集委員会，《粟国小学校創立百周年粟国中学校創立五十周年記念誌》，粟国小学校創立百周年粟国中学校創立五十周年祈念事業記念事業期成会，一九九九年。
具志川市史編さん委員会，《具志川市史 第五巻・戦争編戦時記録》，具志川市教育委員会，二〇〇五年。
国頭村立楚洲小学校創立百周年記念事業期成会記念誌編集部，《国頭村立楚洲小学校創立百周年記念誌》，国頭村立楚洲小学校創立百周年記念事業期成会，二〇〇一年。
越来小学校創立百周年記念事業期成会，《創立百周年記念誌 白椿―越来小学校―》，越来小学校，一九八七年。
近藤健一郎，《近代沖縄における教育と国民統合》，北海道大学出版会，二〇〇六年。
佐藤秀夫編，《続・現代史資料八 教育・御真影と教育勅語一》，みすず書房，一九九四年。
座間味村教育委員会，《戦世を語りつぐ》，同，二〇〇七年。
座間味村史編集委員会，《座間味村史下巻》，座間味村役場，一九八九年。
新里清篤，《回想と提言沖縄教育の灯》，弘文堂印刷株式会社，一九八二年。
戦時遭難船舶遺族連合会，《海なりの底から》，同，一九八七年。
田井等字誌編集委員会，《田井等誌》，田井等公民館，二〇〇八年。

平良啓子，《海なりのレクイエム》，民衆社，一九八四年。
竹富町史編集委員会町史編集室，《竹富町史第一二巻・資料編・戦争体験記録》，竹富町役場，一九九六年。
玉城村役場，《玉城村史第六巻・戦時記録編》，玉城村史編集委員会，二〇〇四年。
町史編集委員会，《東風平町史戦争体験記》，東風平町，一九九九年。
渡嘉敷村史編集委員会，《渡嘉敷村史資料編》，渡嘉敷村役場，一九八七年。
《南城市の沖縄戦 資料編》専門委員会，《南城市史の沖縄戦 資料編》，南城市教育委員会，二〇二〇年。
仲宗根源和，《沖縄から琉球へ》，月刊沖縄社，昭和四八年。
名護市戦争記録会、名護市史編さん委員会、名護市史編さん室，《語りつぐ戦争 第一集》，名護市役所，一九八五年。
名護市教育委員会文化課市史編さん係，《語りつぐ戦争 第二集》，名護市教育委員会，二〇一〇年。
名護市教育委員会文化課市史編さん係，《語りつぐ戦争 第三集》，名護市教育委員会，二〇一二年。
名護市教育委員会文化課市史編さん係，《語りつぐ戦争 第四集》，名護市教育委員会，二〇二一年。

名護市史編さん委員会，《名護市史本編六・教育》，名護市役所，二〇〇三年。
名護市史編さん委員会，《名護市史 本編三・名護・やんばるの沖縄戦》，名護市役所，二〇一六年。
名護市史編さん委員会，《名護市史 本編三・名護・やんばるの沖縄戦 資料編二》，名護市役所，二〇一八年。
名護市史編さん委員会，《名護市史 本編三・名護・やんばるの沖縄戦 資料編三》，名護市役所，二〇一九年。
名護市史編さん室，《戦後五〇周年記念 名護市戦没者名簿―未来への誓い―》，名護市民生課，一九九六年。
名護市立真喜屋小学校創立百周年記念事業期成会記念誌部，《創立百周年記念誌 名護市立真喜屋小学校》，名護市立真喜屋小学校，一九九六年。
なごらん二一期生委員，《戦時下の学園記》，なごらん二一期生なごらん同窓会，一九九六年。
那覇市教育委員会，《那覇市教育史通史編》，同，二〇〇二年。
西塚邦雄編，《琉球教育（全十二巻）》，同，一九八〇年。
西原町立図書館所蔵，《村制十周年記念 村勢要覧西原村 一九五六年》。
西原町役場，《太平洋戦争・沖縄戦西原町世帯別被災者記録》，同，一九九六年。

南風原町史編集委員会，《南風原が語る沖縄戦》，南風原町，一九九九年。
南風原町南風原文化センター，《南風の杜 南風原文化センター紀要》一九号，二〇一六年。
林博史，《沖縄からの本土爆撃》，吉川弘文館，二〇一八年。
ひめゆり平和祈念資料館編，《生き残ったひめゆり学徒たち》，同，二〇一二年。
ひめゆり平和祈念資料館編，《ひめゆり平和祈念資料館 資料編・沖縄戦の全学徒（改訂版）》，同，二〇二〇年。
平井美津子編，《シリーズ戦争孤児三沖縄の戦場孤児》，汐文社，二〇一五年。
平井美津子、本庄豊編，《戦争孤児たちの戦後史二 西日本編》，吉川弘文館，二〇二〇年。
防衛庁防衛研究所戦史室，《戦史叢書 沖縄方面陸軍作戦》，朝雲新聞社，一九六八年。
又吉盛清，《日露戦争百年》，同時代社，二〇〇五年。
美里小学校創立百周年記念事業期成会，《創立百年誌記念誌 沖縄市立美里小学校》，沖縄市立美里小学校，一九八二年。
宮里松正，《三中学徒隊》，三中学徒之会，一九八二年。
宮良作，《日本軍と戦争マラリア》，新日本出版，二〇〇四年。

本部町立瀬底小学校創立百周年記念事業期成会記念誌編集部，《瀬底小学校創立百周年記念誌》，本部町立瀬底小学校創立百周年記念事業期成会，一九九二年。
山田実、外間政太郎編，《親父たちの戦記》，朝日印刷，二〇〇八年。
読谷村史編集委員会，《読谷村史 第五巻資料編四・戦時記録 上巻》，読谷村役場，二〇〇二年。
読谷村史編集委員会，《読谷村史 第五巻資料編四・戦時記録下巻》，読谷村役場，二〇〇四年。
琉球政府，《沖縄県史第四巻各論編三・教育》，同，一九六六年。
琉球政府，《沖縄県史第九巻各論編八・沖縄戦記録一》，同，一九七一年。

譯後記

沖繩對許多台灣人來說，想必並不陌生。根據我沒有代表性的抽樣，身邊去過沖繩旅遊的朋友，幾乎要比沒去過的人還多，而眾多景點當中，北部古宇利大橋的海景受歡迎的程度，可說是數一數二。但大多數人可能不知道，如果你在轉進古宇利大橋的前一個岔路往另一個方向前進，只要大約三分鐘的車程，就可以抵達一個叫「愛樂園」的設施，那裡曾經跟台灣的樂生療養院一樣，是漢生病患的收容所，曾經在十十空襲中經歷砲火摧殘，有些院民在被截肢握不了工具、身體狀況不佳的狀態下，仍被強迫挖掘防空洞，強制隔離的措施和其他居民的歧視更是一直持續到戰後。我第一次聽到川滿彰老師分享他的沖繩戰研究，就是在二〇一八年愛樂園的漢生病學年會上，我記得同一場研討會上，還有樂青在別的場次分享台灣的案例。

《沖繩戰的孩子們》描寫了孩童和青少年在沖繩戰中經歷的各個面向。孩童在戰爭中，固然有他們經驗上的脆弱性和特殊性，但同時書中描寫的各個面向，可說就是沖繩戰整體的縮影，而且遍布整個沖繩本島，可以說觀光客所到之處都是沖繩戰的戰場。戰況激烈的中南部不用說，即便是北部的森林，都有許多逃難居民病死或餓死、有被徵召的護鄉隊埋伏，甚至大家自駕到最北端的邊戶岬時，也會途經日本兵在海灘上虐殺平民的村子（大家可以回頭參考第一百九十六頁的渡野喜屋事件）。

這些歷史，對當代的沖繩而言是非常重要的歷史記憶，但並非一開始就受到重視。直到一九六〇年代為止，沖繩還在美軍統治之下，並未大量採集證言，沖繩戰的故事多半描述倖存日本兵激烈的戰況和英勇的表現。沖繩人認為這些故事未能反映居民真正經歷的戰爭慘況，七〇年代以後有大量證言採集出版，以沖繩居民為主體的沖繩戰經驗才逐漸成為主流，「日軍沒有優先保護當地居民」的想法也才逐漸定調，當然，也免不了遭受部分日本保守派的攻擊。研究者們至今仍然希望盡可能採集更多證言，拓展戰爭經驗的更多面向，加入女性、身障者、遭到隔離的漢生病患等具有當代人權意識的視角，更試圖從「慰安婦」的角度，審視至今為止的沖繩戰研究是否仍有未解的性別和殖民偏見。戰爭的記憶不會憑空累積，沖繩戰的歷史記憶之所以重要，是戰後學者和居民努力創造的結果，形塑了他們對於「反戰和平」的理解，也不免與當代日本和東亞其他國家史觀的爭議交互影響。

希望這本書可以作為一個契機，讓大家感受到沖繩戰的歷史之於沖繩的重量。作為夾在好幾個強權之間的兩群鄰近的島，每個時期彼此表面上的政治主張可能相近也可能抵觸，但如果彼此都可以多看幾眼，了解對方的脈絡和複雜性，可能會發現彼此在乎人權、抵抗壓迫的價值其實是相通的，只是還需要更多理解與對話的契機，等待共同創造新的可能。

國家圖書館出版品預行編目(CIP)資料

沖繩戰的孩子們：太平洋戰爭下少年少女成為士兵之路/川滿彰著；黃昱翔譯. -- 初版. --
新北市：黑體文化出版：遠足文化事業股份有限公司發行, 2023.10
面； 公分. -- (黑盒子；16)
譯自：沖縄戦の子どもたち
ISBN 978-626-7263-33-4(平裝)

1.CST: 日本史 2.CST: 第二次世界大戰 3.CST: 兒童 4.CST: 日本沖繩縣

731.2788 112014078

特別聲明：
有關本書中的言論內容，不代表本公司／出版集團的立場及意見，由作者自行承擔文責。

黑體文化 讀者回函

黑盒子16
沖繩戰的孩子們：太平洋戰爭下少年少女成為士兵之路
沖縄戦の子どもたち

作者・川滿彰｜譯者・黃昱翔｜責任編輯・張智琦｜封面設計・林宜賢｜出版・黑體文化／左岸文化事業有限公司｜總編輯・龍傑娣｜發行・遠足文化事業股份有限公司（讀書共和國出版集團）｜電話・02-2218-1417｜傳真・02-2218-8057｜客服專線・0800-221-029｜讀書共和國客服信箱 service@bookrep.com.tw｜官方網站・http://www.bookrep.com.tw｜法律顧問・華洋法律事務所・蘇文生律師｜印刷・中原造像股份有限公司｜排版・菩薩蠻數位文化有限公司｜初版・2023年10月｜定價・420元｜ISBN・978-626-7263-33-4